# ちょっとイイ家

文・イラスト
増田奏
Masuda Susumu

X-Knowledge

はじめに

# イイ家って、何でしょう？

この本は、ある建築専門誌の編集者からの問いかけをキッカケに始まりました。「建築家が設計した家は、カッコイイけれど住みにくい…というのが世間一般の見方のようなんですが、どう思いますか？」この問いに対して私はすぐさま「俺が知る限り、そんなこたぁ、ないゼ！」と答え、私の友人建築家たちが設計したお気に入りの住宅を紹介することになりました。

ところが、その原稿を進めるうちに、イイ家とは何か？　ほかと何が違うのか？　あるいは、建築家とはいったい誰か？　というそもそもを考えるようになったのです。どんな家も、どこかの誰かが設計し、建築現場で指導もして建てたはずです。そんな中で、何をもって「建築家による住宅」だと特定できるのか？　どんな家を設計すれば、彼を建築家だと呼べるのか？

依頼主の要望を反映した間取り。過不足ない諸室と収納。安心な構造と高い断熱性能。これらを満たしていれば、とりあえず依頼主は満足するでしょう。

間違いのない図面。法令の遵守。適正な見積。滞りない手続。怠りない現場監理。
これらをまとめていれば、とりあえず彼は立派な設計士でしょう。つまり、やり方さえ心得ていれば、それで合格点の家は建つのです。そんな中で、私が敢えて「ちょっとイイ家」だとする拠り所は何か？　この本を出版することになって、その問いにやっと私なりの答えが出ました。
「ちょっとイイ家」とは、そこに人・家族・暮らしについての展望や提案、そして意志、つまりヴィジョンがある住宅です。

　住み手の現状だけでなく将来までを見据えた視点。
暮らしとは？　住まいとは？　という原点から考え直す姿勢。
この家に独自な何かを生み、それを育て続けて欲しいという願望。
計画から実現へ至るまでを貫く確固たる主題と、それを支える細部。
そんなヴィジョンが、合格点を超えた「ちょっとイイ家」を生み出すのです。
これから紹介する、建築家の自邸や、依頼主と意気投合して建てた20戸余りの住宅に、あなたはどんなヴィジョンを見出すでしょうか？

　ちょっとイイな、と思えるでしょうか？

# 目次

印刷所：シナノ書籍印刷
デザイン：梶原結実（ひとつぶ）

The house. 01

# 空間にメリハリを

設計者 林寛治「私の家」

リビングに露した5本の登り梁が、正面の大きな窓へと視線を導く
3.5×2.5間のリビング

## カンジさんの心意気を感じる

「私の家」つまり林寛治自邸。林さんは吉村順三設計事務所での私の大先輩。その大柄な体躯やぶっきらぼうな物言いとは裏腹に、とても気さくで人なつこい。だから敬愛を込めて〝カンジさん〟と呼ばせてもらおう。カンジさんは吉村事務所在籍3年目の34歳のときにこの自宅を建てたのだが、空間構成の（煮）詰め具合がすごい。2階のリビング・ダイニングをできるだけ広くとるため北隅に思いきりコンパクトにまとめられた機能部が水平・垂直の動線の要となっている。そんな空間のメリハリがはっきりしているから、気分の緩急が生まれる。こんな小さな平面のなかにも静と動のダイナミズムを込められるのか…とため息が出る。

床はイタリア製タイルで土足生活。その上には西洋名作家具のほか、東洋の古道具や家族の思い出の品々も一緒に平然と並べられていて、不思議と違和感がない。気取りや、これ見よがしなところがみじんもないのに気品さえ漂うのは、カンジさんとアメリー夫人だからこそ、としか言いようがありませんね。

**DATA**

設計：林寛治
敷地面積：182.68㎡
建築面積：51.36㎡
延床面積：94.72㎡（屋根裏除く）
竣工：1971年（未完成のまま入居）

## 上階に大きな空間を

1階（ブロック造）に間仕切壁の多い個室を、
2階（木造）に間仕切壁の少ないワンルームのリビング・ダイニングを配置している。

アメリー夫人は布のアーティスト。随所に作品が敷かれ、空間になじんでいる。セカンドテーブルを置いてあるのもイイ。ソファからちょっと立って、さっと書き物ができる。センターテーブルでは会話とお茶をゆったりと

外部建具を構造躯体の外へ追い出すことによって、壁量を確保しながら全開できる窓を実現している

リビングの広さは、間口がおよそ3.5間で奥行きがおよそ2.5間。セカンドテーブルを右翼とすれば、左翼ともいうべきダイニングへとL型の空間が流れている

北隅にまとめられたキッチン、トイレ、階段。2階全体の1／4以下だ

日中の生活の場であるリビング・ダイニングを上階に配置することで、日照時間が大幅に伸び、眺望も広がって、さらに通風も良好になる

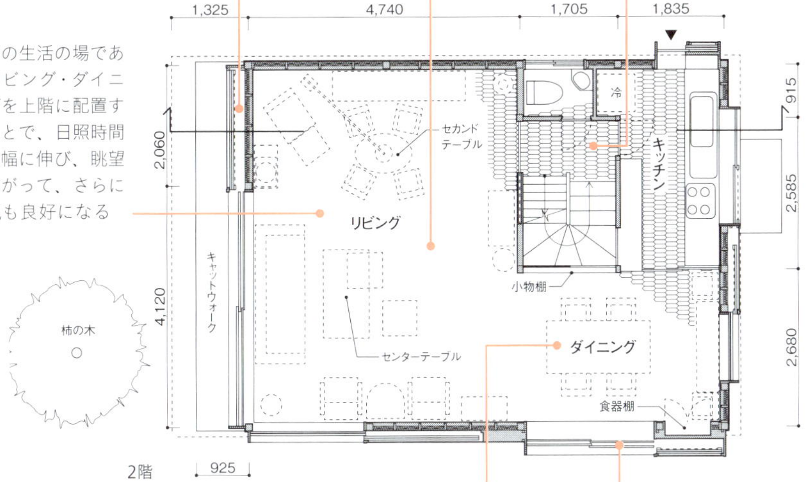


2階

東隅のダイニングには朝日がたっぷり差し込む

リビングとダイニングの窓に仕込まれた障子を閉めると、空間の雰囲気が一変する

洗面・トイレ・浴室と寝室を1階にまとめれば、洗濯動線の単純化が図れる。設備工事の合理性も増す

家全体の床をタイル張りで統一。GRES（グレス）というイタリアでもっとも安価な素焼きタイルだ

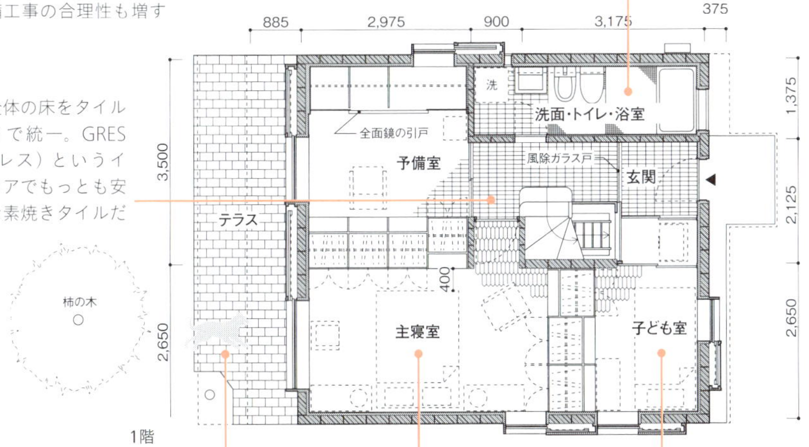


1階

放し飼いだった犬は四六時中、庭とタイル張りの室内を闊歩し、人間以上に真の土足生活を満喫していた

居室は通風のため2方向の窓をとること、寝室にはベッドとナイトテーブルと小椅子が入ることを条件とした

子ども室は最小限の設え。寝るためと着替えるためだけ。それ以外は家全体が自分の部屋だからだ

N

平面図［S=1:130］

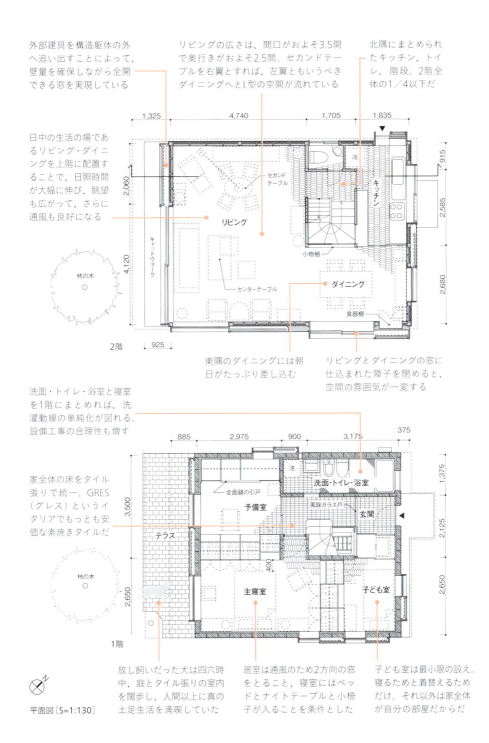

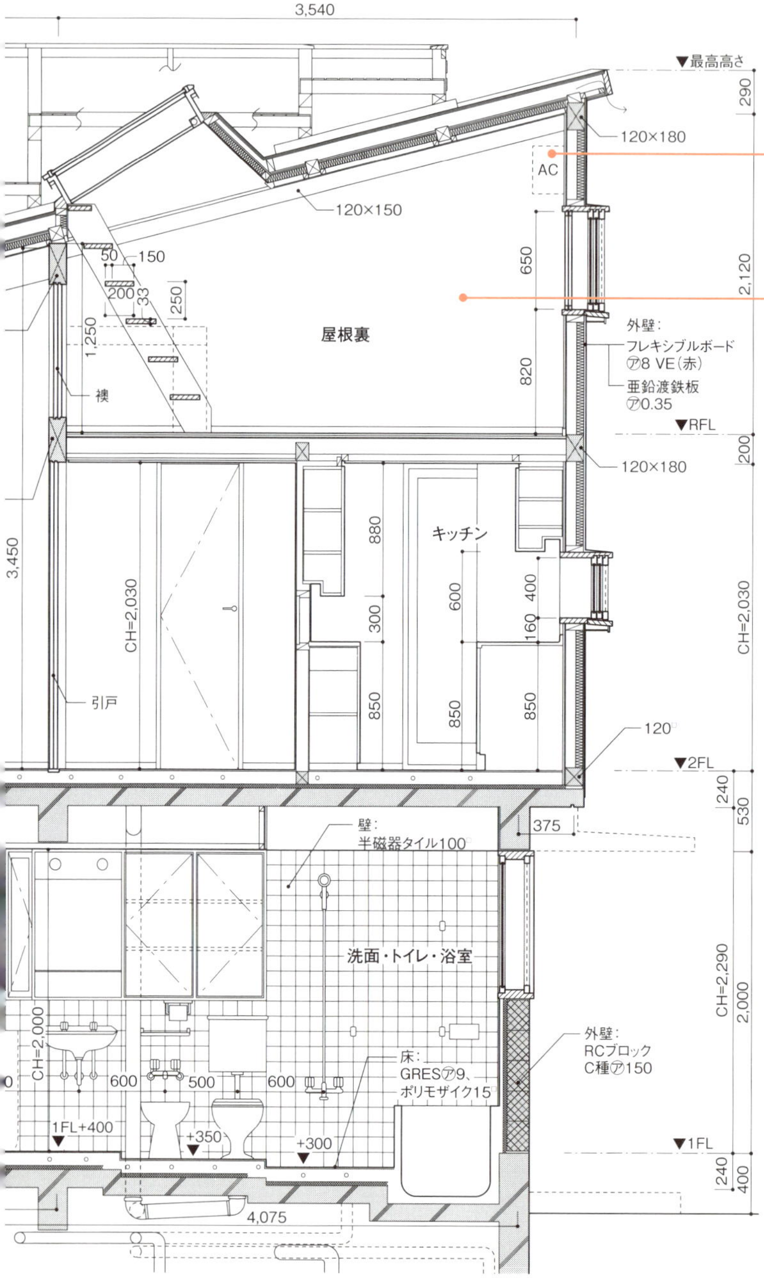


唯一のエアコンがある屋根裏が、チャンバールームの役割を担っている

屋根裏は当初は設計スタジオだった。その後は子ども部屋となり、現在は家事室兼乾燥室となっている

断面図［S=1:50］

登り梁上部で、リビングの両側2梁ずつを鉄筋の水平ブレース(径9mm)で引っ張り、屋根面に剛性をもたせている

奥行き1,250mmの庇が夏日を完全に遮り、低い冬の日差しはダイニング奥にまで届く

この低さがイイ! 最初は掃出し窓を設け、RCキャンティスラブをテラスにするつもりだった。しかし低い腰高の窓に変えたことで、リビングに落ち着きが生まれた

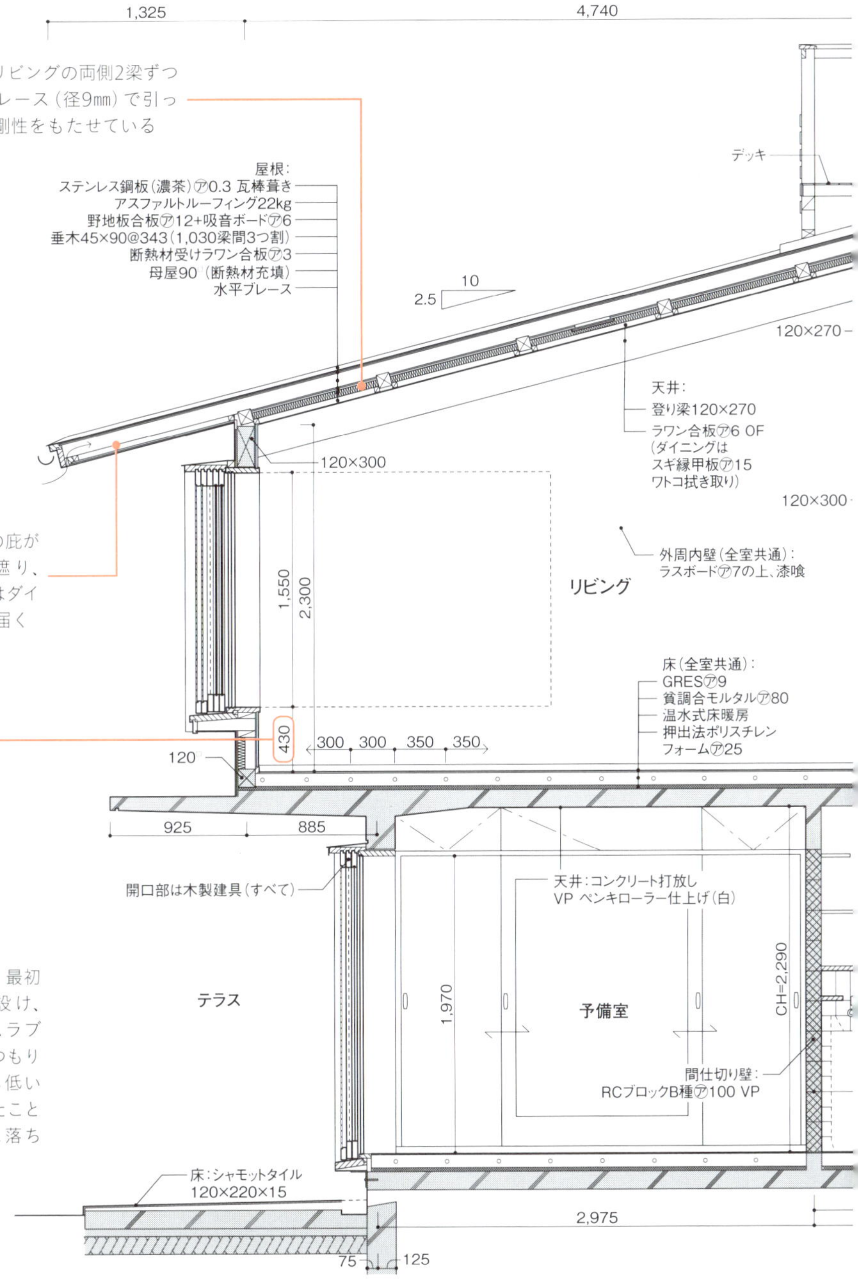

# 勾配天井の架構が空間を決定づける

片流れ屋根の小屋組は登り梁方式が合理的だろう。
これを露しとすることで空間構成をビジュアル化し、
視線を正面の大開口へと導いている。

上:初冬の午後、西日が奥まで差し込んでくるリビング。窓の向きは、敷地で唯一開かれた南西に向かって必然的に決まった／下:庭側正面（南西）を見る。雨戸、網戸、ガラス戸、障子はすべて戸袋に引き込める

## 無駄なく、明快な外観

外形寸法はフレキシブルボードの定尺寸法に合わせて決定した。
斜め部分は対称面に使用し、無駄がない。

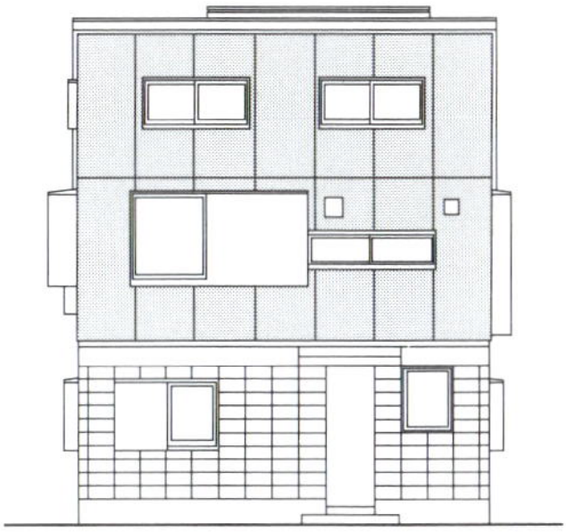
北東

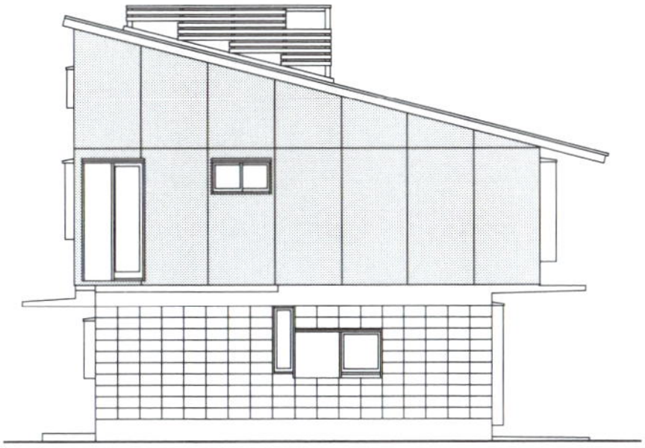
北西

南西

南東

立面図［S=1:200］

外観のシルエットからは、恩師・吉村順三先生の軽井沢の山荘を連想しがちだが、両者の空間構成や外部との関係、とくに小屋組の架構方法はまるで異なっている。山の中の別荘と都市部の本宅とでは、計画の出発点が違うのだから、当然といえば当然なのだけれど、あえて同じような箱の中にもう1つの解を実現してみせたところに、カンジさんの心意気を感じる

The house. 02

# ロング・ロング・アイランドキッチン

設計者 横山敦士「is house」

この長さと存在感は、
ご覧のとおり
4500

## 持ち前のデザインセンスのなかに優しさが光る

横山敦士さんとは彼がまだ学生の頃から30年以上の付き合いだ。横山さんはいつも飄々としている。それは、建築一辺倒の御仁とは違って文学や音楽にも造詣が深いから、モノゴトを醒めた眼で見ているせいだろう。私も彼から教えられることが多い。畏友である。

本業の建築設計への取り組み方にも独特なものがある。横山さんは大学卒業後すぐ、当時新進気鋭のインテリアデザイナーに師事し、持ち前のデザインセンスに磨きをかけた。彼の手になる住宅や店舗の鋭さの原点はそこにあると思える。それは、私の目には痛いくらいに映ることもあるのだが……。

その鋭さが、彼本来の優しさのなかに納まって、光っているのが、この「is house」です。玄関の低い天井をくぐると、いきなり外部に大きく開かれた吹抜け空間に放り出される。そこはテラスのようなリビングだ。見返せば、奥にはRCのアイランドキッチンが長々と横たわっている。アッと言ったまましばらく息を止めた誰もが、ようやく我に返ったとき、そこに込められた意匠に気付くのです。

**DATA**

設計：ヨコヤマ・デザイン事務所
敷地面積：190.4㎡
建築面積：78.15㎡
延床面積：127.7㎡
竣工：2006年

900
700
160
私が着目していただきたいのは流し台とダイニングテーブルの高さを水平にそろえるために、流し台の部分の床を160mm下げている点です

## 巧みな面構成が単純な断面を意識させる

家全体にちりばめられた面と面の絶妙なぶつかり合いとゆずり合いが
すがすがしい空間を生んでいる。

西面の大開口は1階部分を全開できるので、
リビングはたちまちテラスのようになる

吹抜けの黒い壁と、2階床の白い端部が互いに絡むことなく垂直と水平を主張する納まり

木製建具、コート、垂壁、植栽、街路樹といくつもの層をつくり、外部と内部を程よく区切りながら連続させて、開放感と安心感が両立する空間を実現している

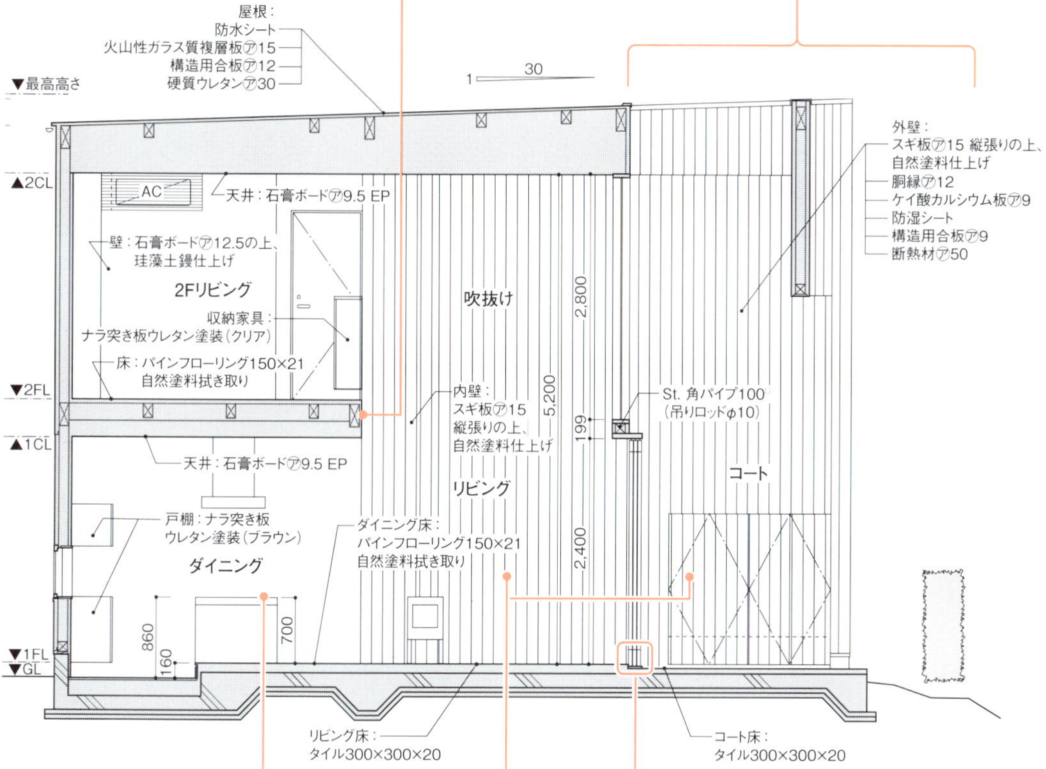


アイランドキッチンの素材（RC）とその厚さは圧巻である。そのキッチンと歩調を合わせるがごとく、戸棚は壁に浮いたように取り付けられている

外壁のスギ板を内部まで連続させ、内と外を1つの空間として感じられるようにしている。さらに木製建具の竪枠の幅をできるだけ小さく抑え、連続感を強めている

リビングとコートのレベル差をタイル厚（20㎜）にまで抑えている

断面図［S=1:80］

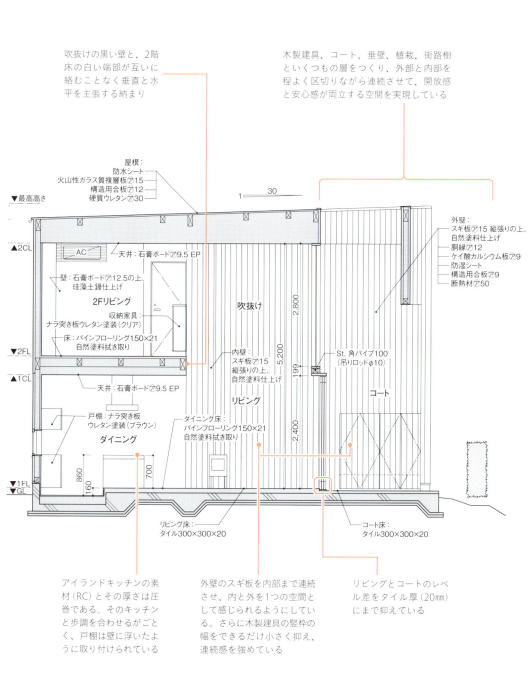

## 美しさのなかに確かな住みやすさ

1階がリビングゾーンで2階がプライベートゾーンだ。
オーソドックスなゾーニングだが1階の和室を少し奥まらせたり、
洗面・トイレを見え隠れにしたり、吹抜け越しに2階を見上げても
2階リビング以外は見えないような配置など、手堅い。

写真：牛尾幹太

見上げれば、2階の床から浮いている戸棚。造作家具にはナラの突き板を使用。1階は濃い色に、2階はナチュラルな色に塗装して雰囲気を切り替えている

# モノトーンの箱が
# 街角の風景を引き締める

住宅が立ち並ぶ地区の角地にあって、北と西の2面がそれぞれ1カ所だけ大きく欠き取られている。寄り付きの白い壁と小窓の白いサッシが黒い箱を引き立てている。この立面の意匠こそ横山さんの真骨頂だ

オープンなLDKの一角に、少し奥まった小上りの和室を配置している

しばしば客を迎える建築主は、接客しながら料理ができるオープンキッチンを要望した。キッチンカウンターとダイニングテーブルはコンクリート製で、基礎と一体で製作している

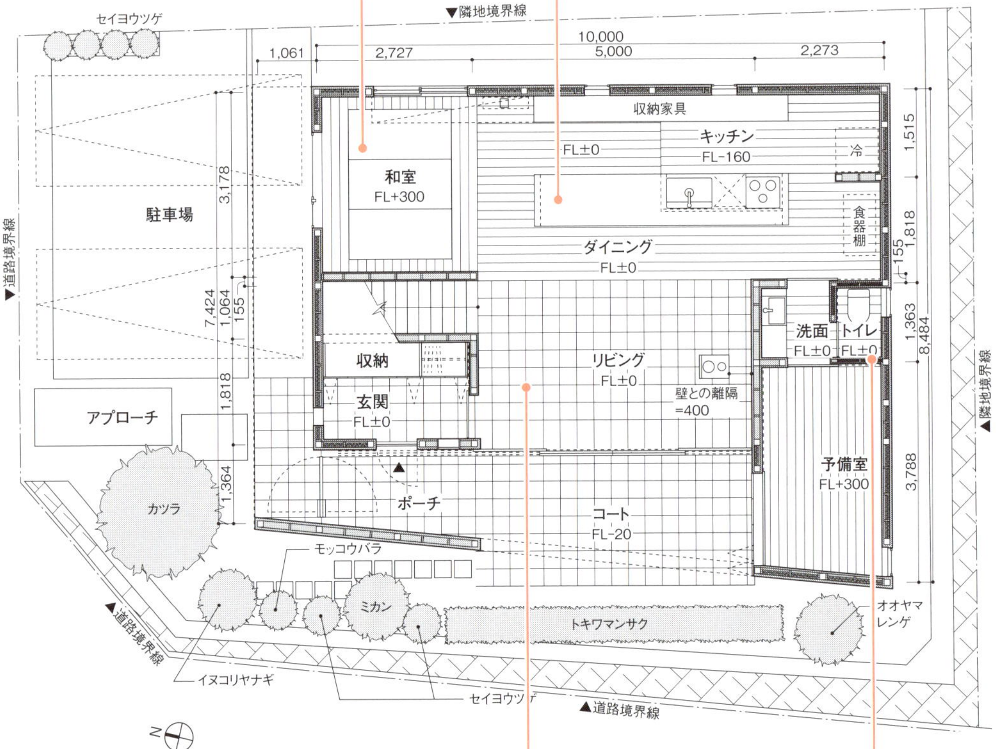


1階平面図［S=1:130］

洗面室·トイレを見え隠れにしている

1階LDKは本当にオープンですがすがしい。朝の忙しい時間帯も、夜のくつろぎのひとときも、柔らかく包容してくれるに違いない

2階リビング。吹抜けに対して手摺を兼ねた収納家具が、外部からの視線の緩衝役となり、適度に囲うことで落ち着き感をもたらす。コート上部の垂壁の存在も有効に機能している

寝室とコート付き浴室を両翼に配した2階は、1階と吹抜けでつなぎながらも巧みに視線をかわし、夫婦の適度なプライバシーを確保している

隣家の視線を気にせず開けっ放しにできる換気用の窓

水廻りの設備機器は、周囲から少し離して余白をとりながら設置することで、きれいに見せるように心がけている

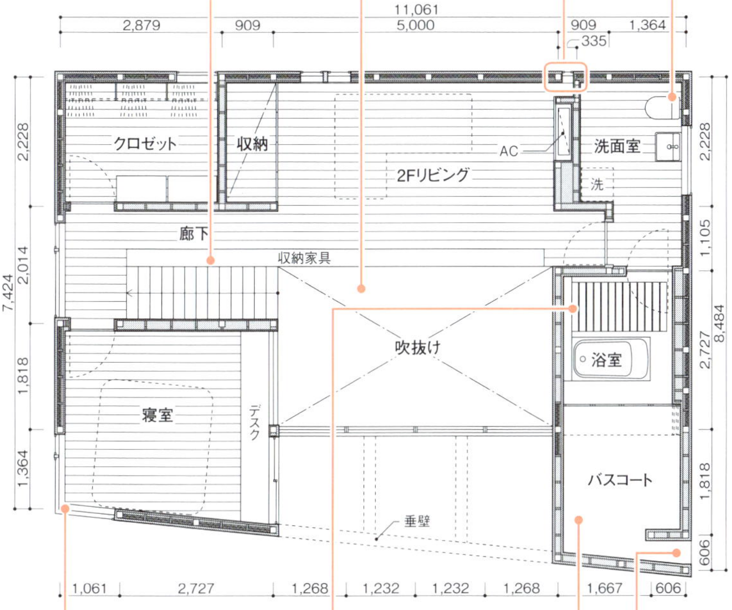


寝室はバスコートと対比的なコーナー処理で外部へ視線が抜けるようにしている

広々として明るい雰囲気の浴室。浴室は固有の機能が求められるのでほかの居室とは切り分け、外部とのつながりに重点を置いている

浴室とバスコートは全開放の折戸でつながる。バスコートを囲むように壁を設けることで、プライベート感のある浴室空間を実現

外部からの視線をかわしながら、バスコートに抜けをもたらすコーナー処理

2階平面図［S=1:150］

The house. 03

# VOID in SOLID

設計者 土田拓也「BLUFF」

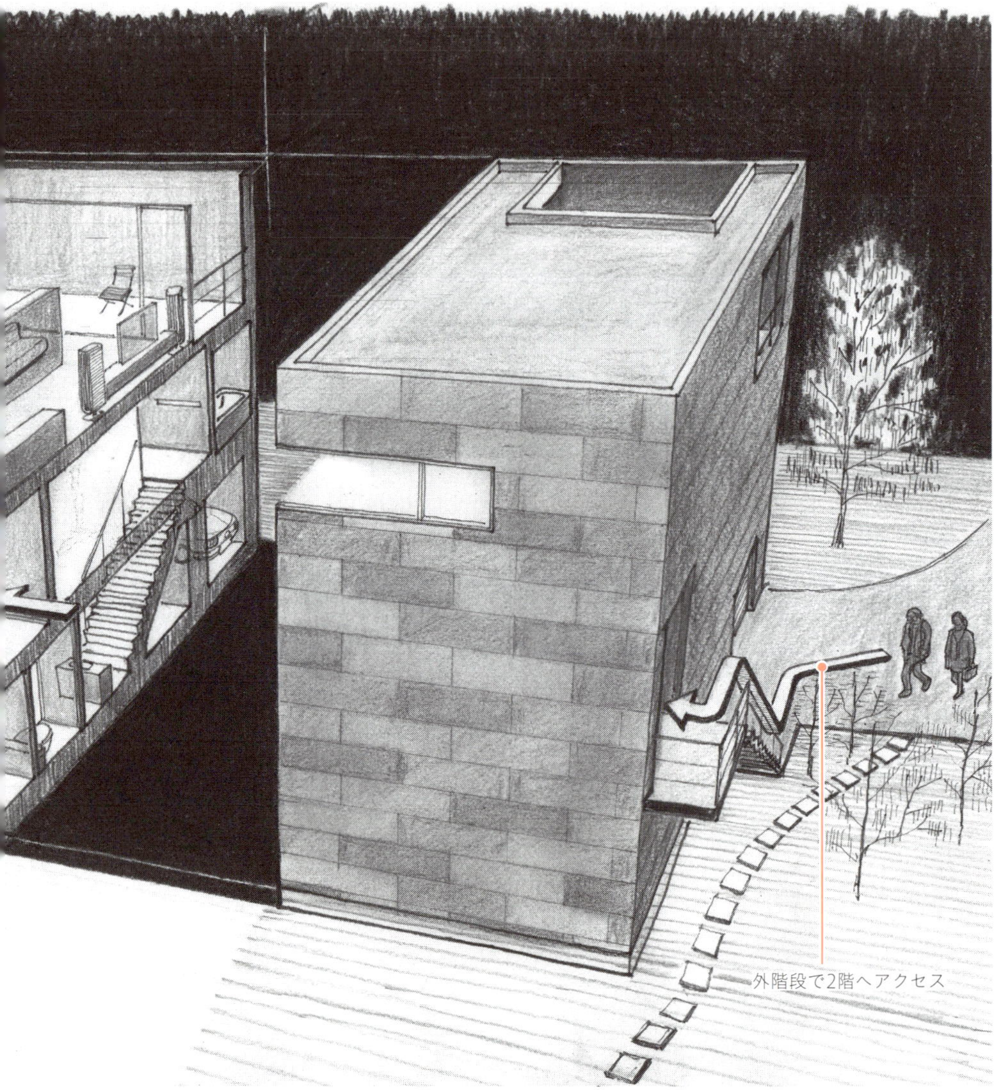

**DATA**
設計：no.555一級建築士事務所
敷地面積：494.14㎡
建築面積：72.83㎡
延床面積：188.00㎡
竣工：2011年

3階ファミリーゾーンと1階プライベートゾーンとに分かれていく動線

## とことん、現場で勝負する

　土田拓也さんは横浜の建築家グループarea045の一員で、私より2回り近くも若い。冬にはアルペンスノーボードに乗り、夏には波に乗り、ひょいと世界の遠くへ行く男だ。そんな彼と私が話を弾ませるのは車のことくらい。つまり、車にもコダワリがあるヤツなのだ。土田さんの建築デザインは精密な車のように、建材の知識と卓抜な加工方法に支えられている。彼の実施設計能力には誰もが舌を巻くだろう。実施設計図をしっかり描く設計者は現場へもよく足を運ぶ。事件の刑事よろしく〝現場百遍〟は土田さんのモットーだ。

　そんな土田さんの住宅作品のなかで今回紹介するのは、高台の崖の際に建つ「BLUFF（ブラフ）」です。この敷地に住まいを建てることを決意した建築主のために、可能なだけ景色を切り取ることが彼の使命となった。そこでLDKを3階に配置したのだが、それでも動線のストレスを感じないよう、外階段で2階玄関へ上がり、内部で上下に動線が分かれる。きちんと階別に構成されたゾーニングがこの住宅を使いやすくしている。

# ローコストの追求

RC造3階建ては工事費が課題となるが、
建材を厳選し、施工と仕上げを兼用することで意外とローコストに納めている。

写真：鳥村鋼一

外階段を上った先の2階玄関ポーチ。ここの気持ちよさが2階アクセスの違和感を解消してしまう若いのに経験豊富な土田さんは木造・S造・RC造、なんでもこなす。というより、そんな区別すらしないらしい。それは柔軟な姿勢かもしれない。それゆえか、RC造がとても軽く見えたり、木造の壁に存在感を感じたりすることもあるが、この住宅は誰にも分かりやすい。

高台からの眺望を楽しめる3階LDKがファミリーゾーン、玄関ホールのある2階がコモンゾーン、個室のある1階がプライベートゾーン。潔い平面と断面だ

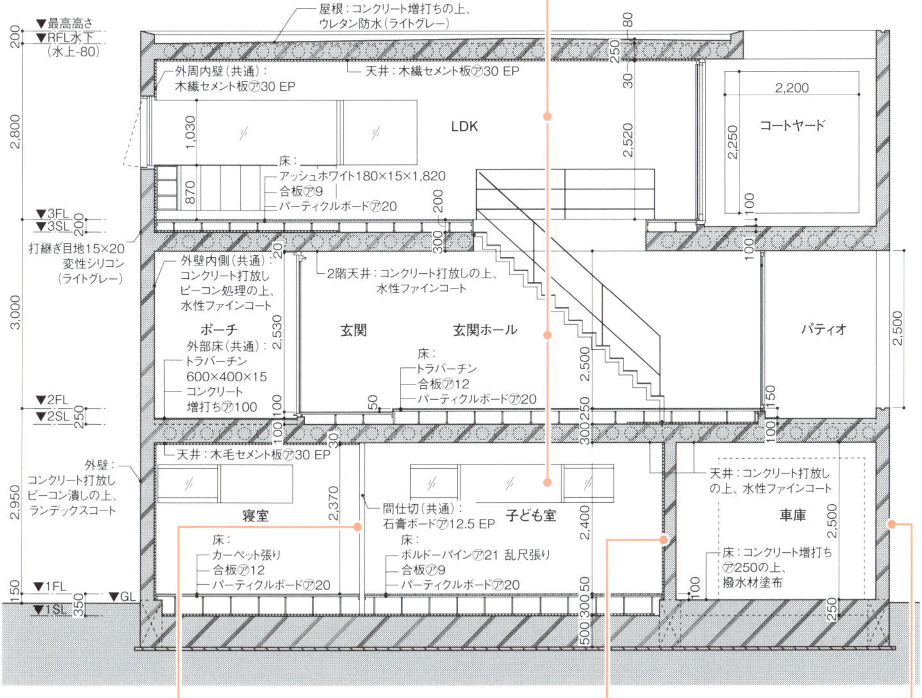


躯体工事は外周部4面のみとし、間仕切壁は軽量鉄骨で組んでいる。時間のかかる配筋、型枠工事を大きく減らした

室内側の型枠には30㎜厚のゼオライト混入木繊セメント板［※］を使用し、そのまま断熱兼仕上げとしている。脱型、断熱、ボード張りの工種を省略

外部側の型枠は2×6版の普通型枠とし、材料費を抑えた。大工の作業効率も上がる

断面図［S=1:120］

※「モクセンN」(神戸不燃板工業)。木毛セメント板よりセメント量が少なく、木チップのサイズが大きく、空気層が多い。断熱性に優れ型枠にも使える

# 建材たちの共演

コンクリートのほかにも、石も木も鉄も
それぞれが持ち場を与えられてうれしそうだ。

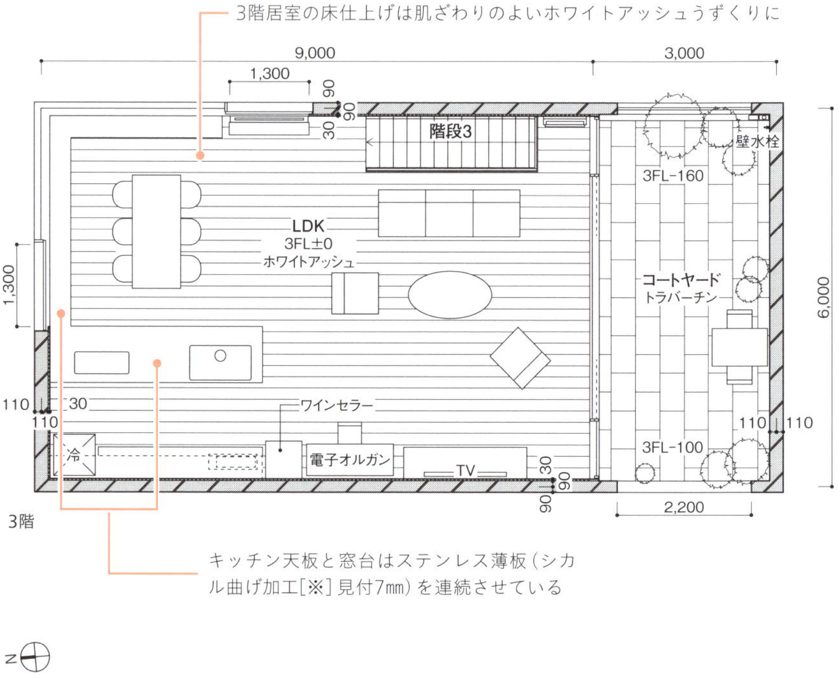


平面図［S=1:120］

※「Vカット」「ピン角曲げ」とも。板の内側にV溝をつくってから曲げることで、外Rを小さくシャープにできる

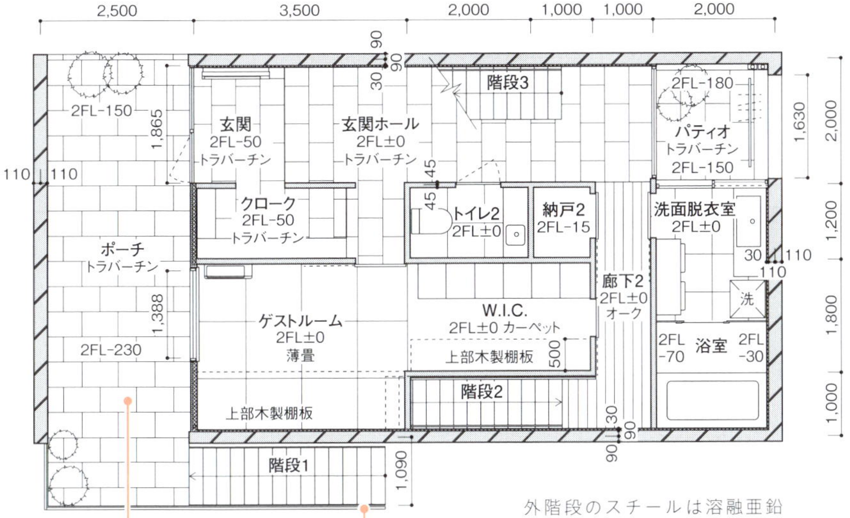


2階

外階段のスチールは溶融亜鉛めっきの上、リン酸処理とすることでメンテナンスフリーに

玄関のある2階の床仕上げはトラバーチンで統一。建築主の了解を得たうえで、穴埋めしない素のままの素材感を生かしている

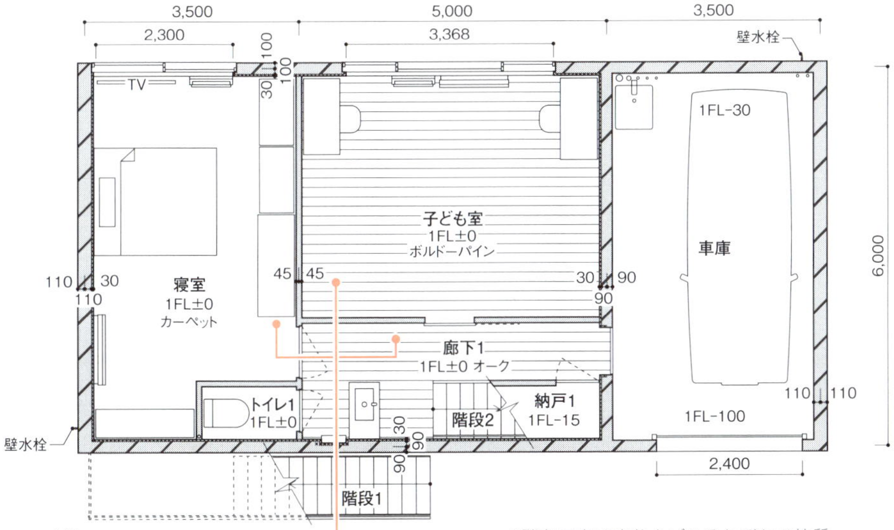


1階

1階各居室の床仕上げはそれぞれの性質に合わせ、オークのなぐり、ボルドーパイン、カーペットで切替えている

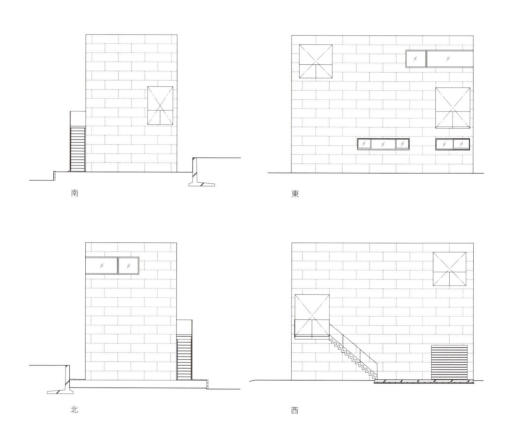

# MASS & VOIDs

4面とも閉鎖的な壁で囲って外部からの視線を遮りつつ、そこに孔をあけることで必要にして十分な半屋外空間を生み出している。

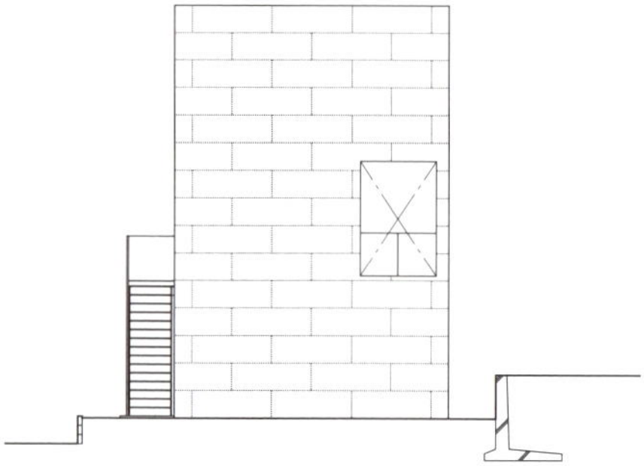

南

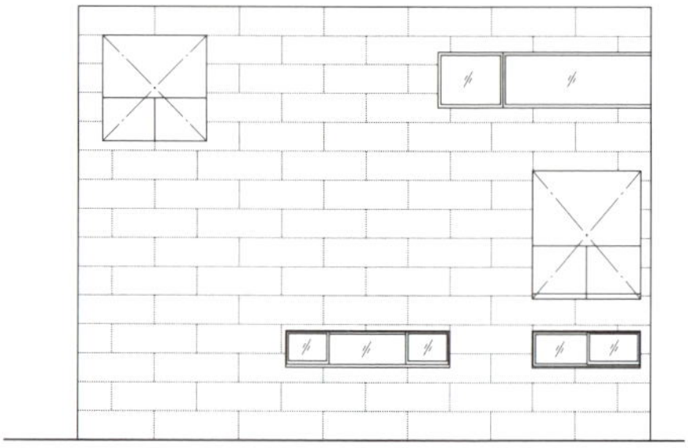

東

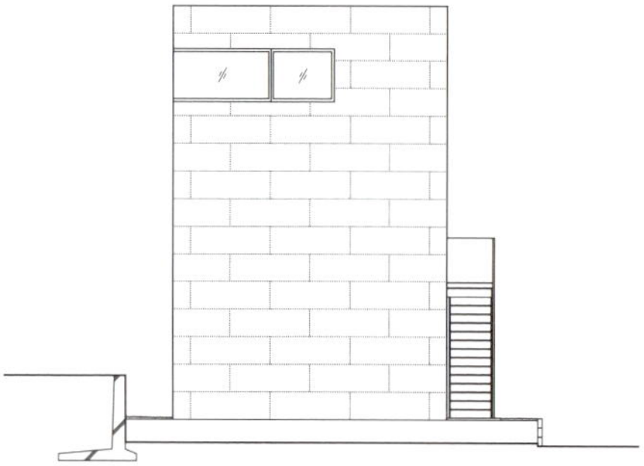

北

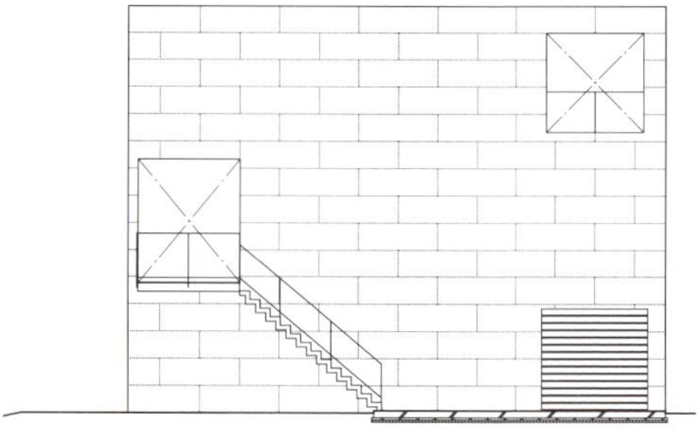

西

立面図［S=1:240］

外壁は、一般型枠の裏面をあえて内側にして合板の灰汁をコンクリートににじみやすくした。色みにばらつきが出るよう、型枠を赤み（R）、白み（W）、黄色み（Y）、灰色み（G）に分け、すべて図面化しておいた

最も見晴らしのよい3階北東側に、風景を切り取る横長のコーナー窓を設けた

一見唐突なように取り付けられた外階段が「おいで!」とあなたに呼びかける

写真2点：鳥村鋼一

The house. 04

# 変わり続けて半世紀

## 設計者 室伏次郎「懲りない家」

平面の主空間の矩形は4×9m（内法）。断面は1階・3階・4階の階高2.4m、2階は2.6m。パラペット10cm、1階はGL＋10cm。合計10mの建物高さ。当初からずっと変わらぬ甲殻の廻りで自由自在に棲んでます

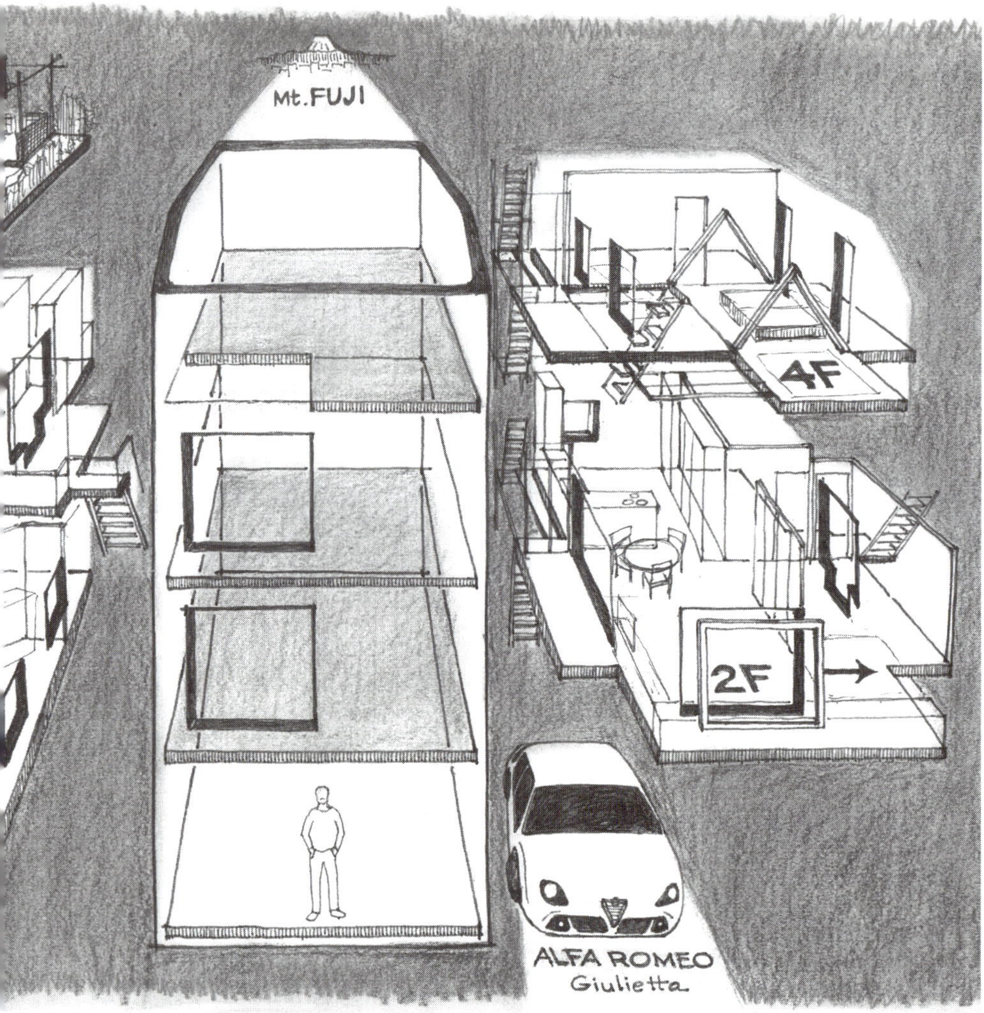

DATA

設計：スタジオ・アルテック
敷地面積：71.92㎡
建築面積：48.50㎡
（建蔽率70%）
延床面積：177.00㎡
竣工：1971年

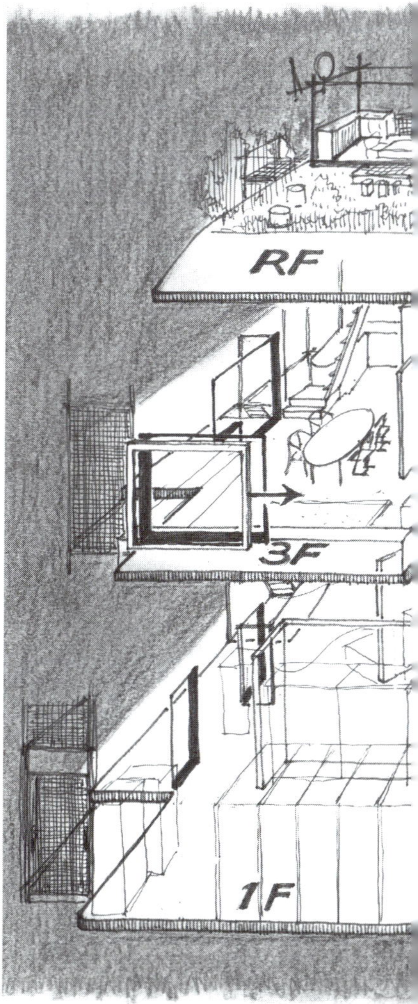


## すべてを受け入れる柔軟な頑固者

ムロフシジロウが80歳を超えた。だが四半世紀前に初めて会ったときから何も変わっちゃいない。今日も純白のアルファロメオを駆って、どこかへ出かけているはず。しかも「建築に必要なのは快楽ですよ」などと平気でうそぶくのだ。そんな永遠のダンディー室伏さんの信条は「筋を曲げない」ことだろう。毅然としたモラリストにほかならぬ。しかし、ただの頑固者ではない。筋こそ曲げないが、その考え方はむしろ柔軟で、臨機に応変する。何かモヤモヤとした疑問が湧くと私は氏の意見を仰ぎに行くのだが、老若男女が等しく集まってくるのも、その柔軟さに引かれるからだ。やがて、ジロウの周りはさまざまなモノゴトで溢れてゆくのです。

そんな室伏次郎さんがそのまま立っているような自邸を紹介します。半世紀前に建て始めて以来、大きく分けても都合4回の脱皮を繰り返し、今もなお生まれ変わろうとする「懲りない家」の若返りの秘訣は、真っ直ぐに筋の通ったその甲殻が、一度たりとも揺らぐことなく時代と家族の変遷を見守ってきたことにあるのです。

# 二世帯6人家族で老夫婦はコンパクトに暮らす

育ち盛りのいる子世帯の住まいは3層に広げジロウ夫妻の住まいは1層に

2020
▼
現在

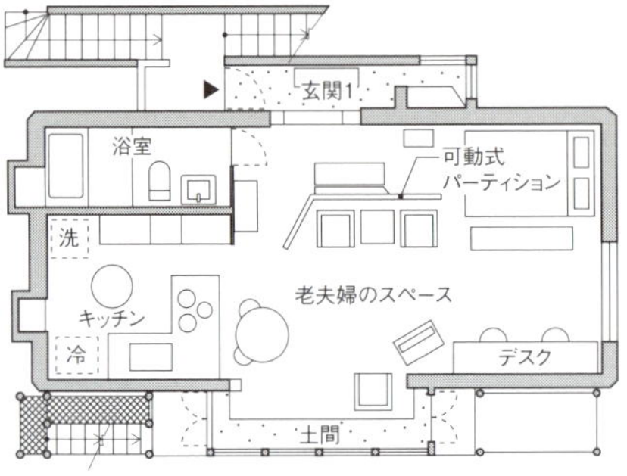


2階

老夫婦は2階のワンルームでコンパクトに暮らす

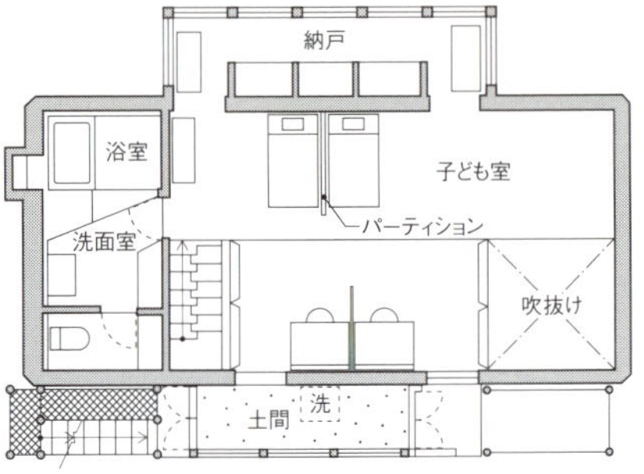


4階

子世帯の家族4人の寝室だった4階は、若夫婦が1階へ移動し、子どもたちの居場所となっている

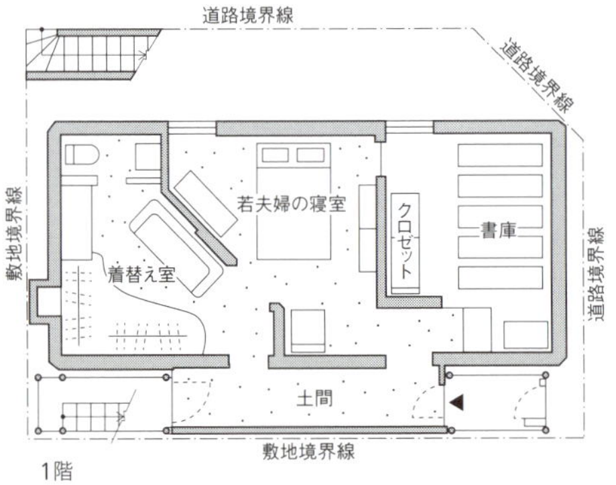


1階

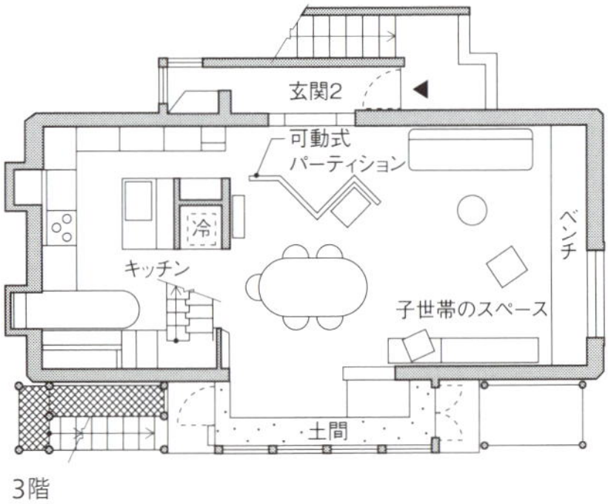


3階

平面図

育児が一段落した若夫婦は、4階から1階へ寝室を移した。しかし、今度は1階を事務所にしようかと検討中。その場合、若夫婦のベッドは2階のレイアウトと同じように3階に置く予定。まだまだ懲りない計画!

子世帯は3階の大きなダイニングテーブルに集まる

右上：夏には屋上庭園でバーベキューパーティ／右中：南側の袖部分は光を採り込むバルコニーであり、二世帯間の裏玄関であり、納戸にもなる／右下：老夫婦は寝食沐浴すべてワンルームで行う／左：超ローコストで建てた4層の壁の空間。コンクリートの内部は、浴室以外、仕切りはない

# 時代と家族が住宅を変えていく

**1971 12月**

三男誕生。親戚との2家族共同住宅の営みが始まる

最低限のシェルターとしてRC4層の壁の空間が生まれた

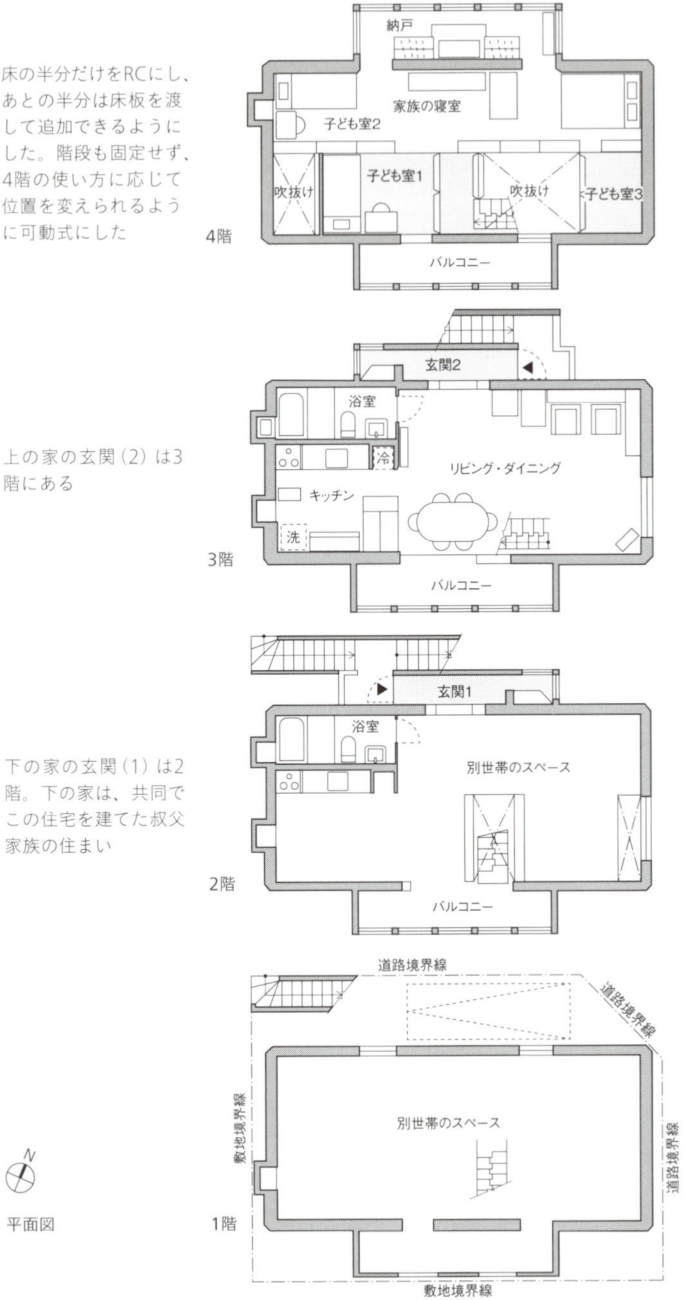


床の半分だけをRCにし、あとの半分は床板を渡して追加できるようにした。階段も固定せず、4階の使い方に応じて位置を変えられるように可動式にした

上の家の玄関（2）は3階にある

下の家の玄関（1）は2階。下の家は、共同でこの住宅を建てた叔父家族の住まい

平面図

1981
▼
1987

# 子どもたちに各個室を

10年後、下の家に住んでいた叔父家族は転居し上の家の家族が4層を使うように

3階にあった浴室・トイレを4階へ移動。階段と吹抜けを移動して夫婦の寝室とした

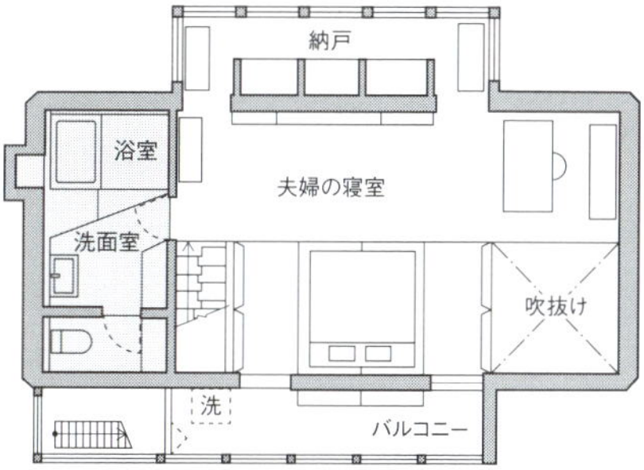


4階

玄関扉は安全性と来客に対するホスピタリティから内開きであるべきと気づいて改修した。また、キッチンの配置を変え、朝食用のカウンターを設置

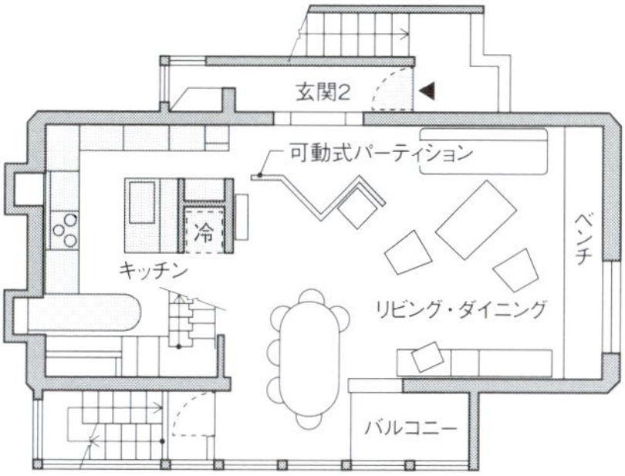


3階

2階を独立したワンルームのハウス・イン・ハウスに改修。若い建築家が住んだり、来客の応対や宿泊に利用したりしていた

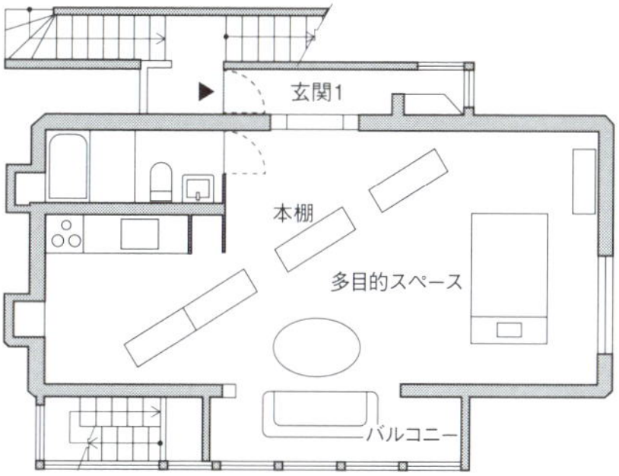


2階

1階を3分割して子ども室に。外部から1階へ直接入れるように入口を設けた。また、3階、4階に1階から行けるよう、内階段を設けた

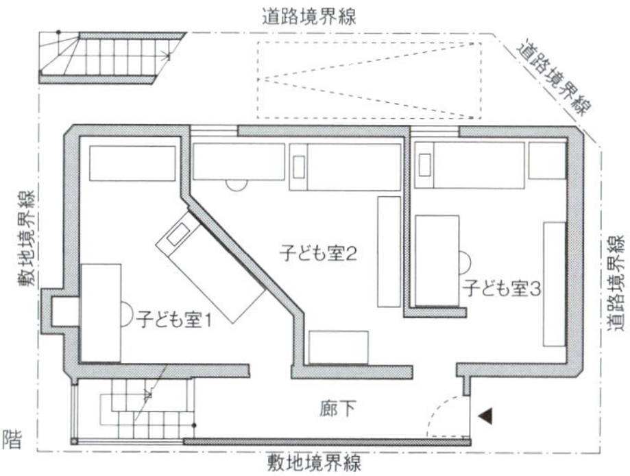


1階

## 1987▼2013

# 子の独立と大改修

長男、次男そして三男も独立。建物全体のメンテナンスを行い南側バルコニーの5連サッシを4連サッシに替えて外部踊り場を設けるなど、外部サッシをすべて取り替えた

4階天井の断熱効果を高めるため、屋根を屋上庭園にした。そして1階から屋上まで直通する外階段を仮設足場材で構築した

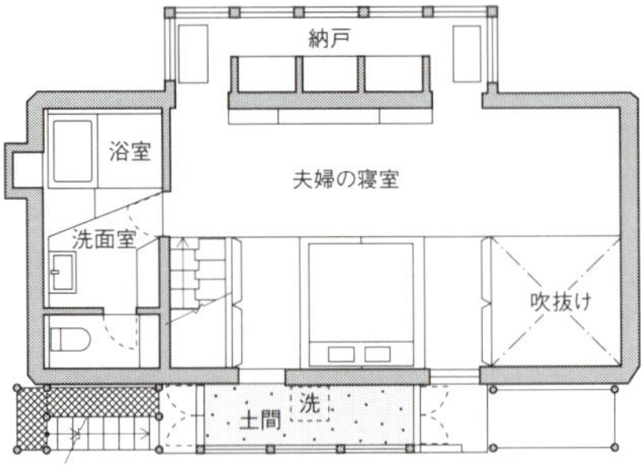


4階

各階のバルコニーの一部を土足にした

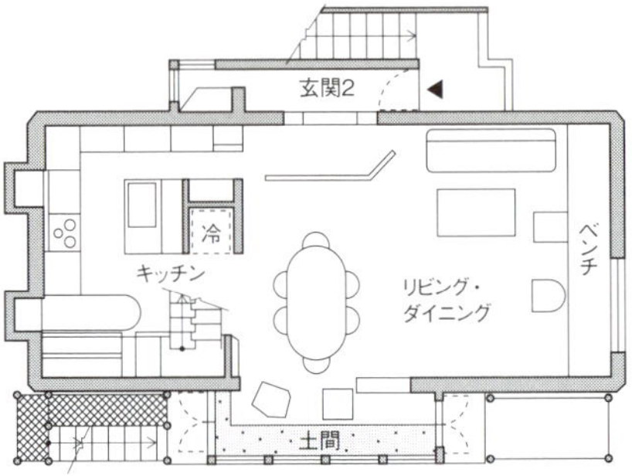


3階

2階は'85年より賃貸用とする

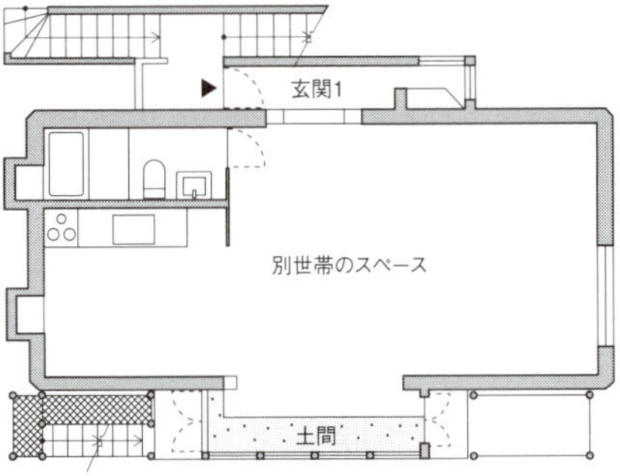


2階

2005年には1階の床を土間仕上げに（書庫以外）。1階は事務所や応接間などとして使う可能性があったため、上足、下足の分離を曖昧にしておきたかった

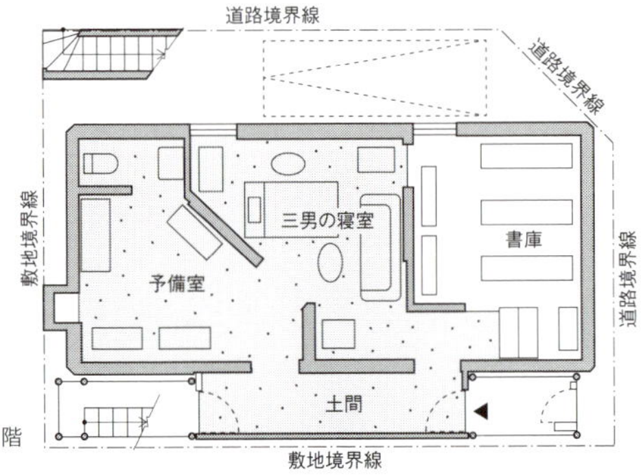


1階

平面図

**2013**
**▼**
**2019**

## 子世帯との二世帯住宅に

独立した三男が、幼児を連れて4人家族になって戻ってきた。築後43年を経て、当初と同様に二世帯住宅に回帰した

子世帯は3階・4階に居住する

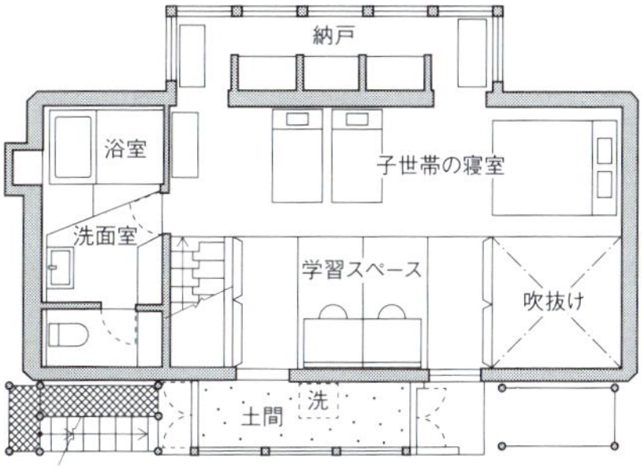


4階

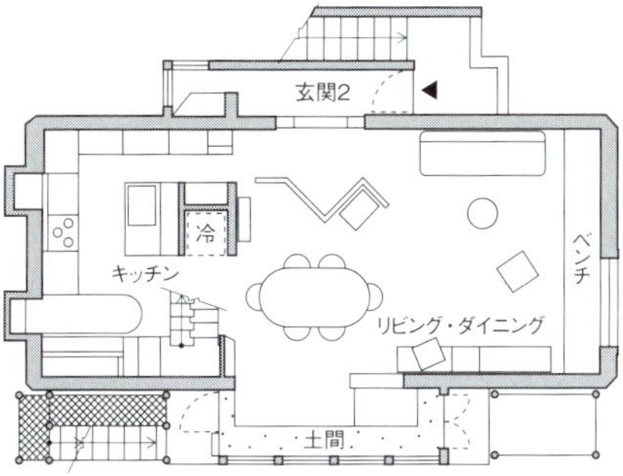


3階

老夫婦は1階・2階に居住する。2015年、使いにくそうにしていた妻を見かねてキッチンを対面式に改修した

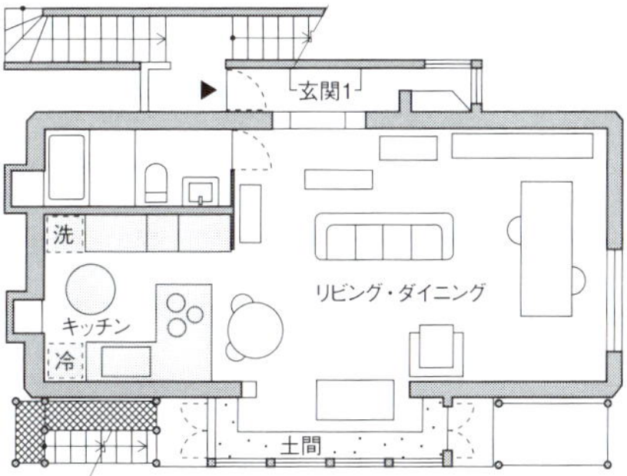


2階

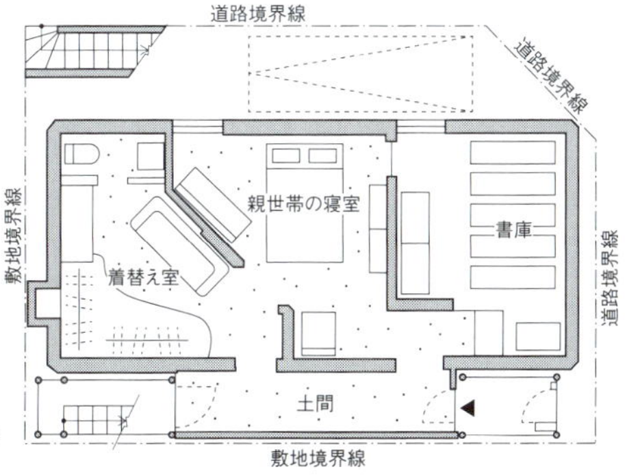


1階

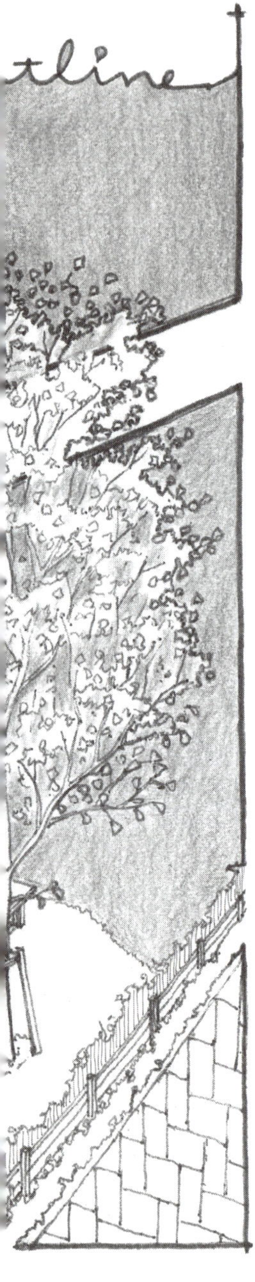


The house. 05

# 4層を昇降するには

設計者 水口裕之・松井理美子

## 「葉山のアトリエ」

DATA

設計：tentline　敷地面積：78.26㎡

建築面積：37.91㎡　延床面積：91.80㎡　竣工：2017年

### 「明快」に至るまでの熱量は惜しまない

いつもニコニコ顔でもの静かな水口裕之さんは口数も少ない。「はい」「そうです」「それほどでも」…仕方がないから突っ込んだ話は理美子夫人に聴くしかない。お二人は本業の建築設計のほかに、地域芸術活動支援やデザインプロデュースでも活躍する意欲的な名コンビだ。口数が少ない人ほど内に秘める熱量が大きいことを（自戒を込めて）私は知っている。

今回紹介する自邸兼アトリエ、外観はちょこんと帽子をかぶってほほ笑んでいる風だが、その内部は平面と断面の煮詰め具合がハンパじゃない。直階段のヘッド（頭上高さ）をぎりぎりまで低くすることで各階階高は２千５００㎜以下に抑えられているが、川に面する南側の掃出し窓に目を奪われ、続くテラスに気持ちを連れ去られ、圧迫感はまったくない。

屋上を含んだ4層を貫く直階段は各階で水平移動を伴うが、あえて各居室を横断させるという英断がほぼ正方形を重ねた直方体の中にメリハリの効いた空間構成を実現している。脱帽せざるを得ない。

直階段で1階から屋上まで導かれるプランに、感嘆してしまう。ペントハウス不要の屋上への昇り方は「ナルホド!」だ

# ほぼ正方形で合理的な各階

屋上は広々として360°の眺望、3階はバスコートもある寝室ゾーン、
2階は使いやすいLDK、1階はギャラリーも開催できる土間空間。
一見、普通に見える間取りこそ推敲を重ねないと生まれないのだ。

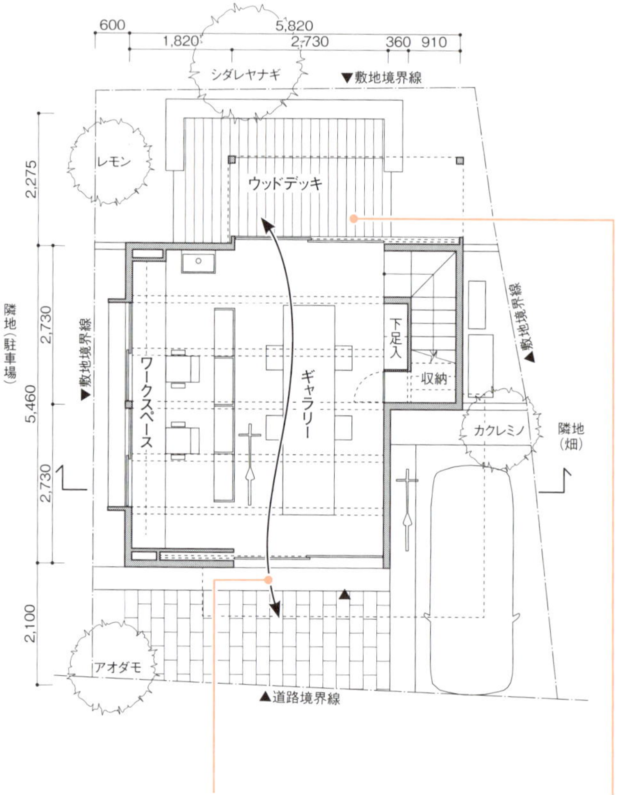


1階

N

平面図［S=1:130］

1階の南北の掃出し窓は引き込め、開け放つと道路から川まで抜ける空間となる

事務所として使用する1階は、たくさんの客が訪れるため、土足の土間とした。冬期のために床暖房を設置してある

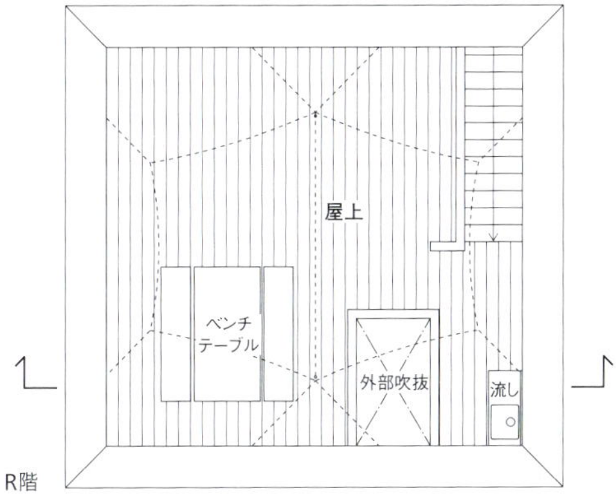


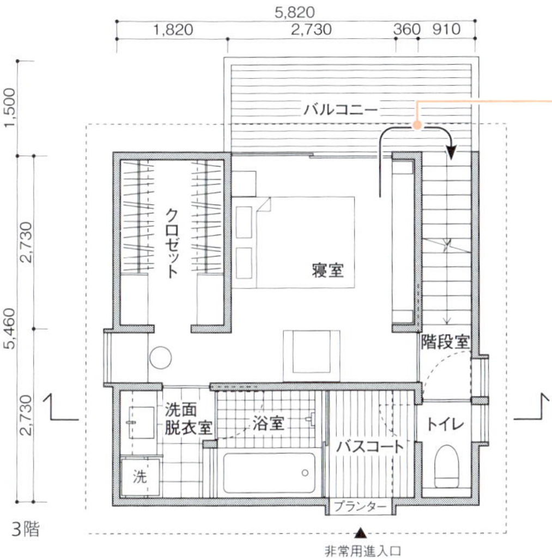


いったん外に出てから
屋上へ上ることで、雨
仕舞い上ペントハウス
を不要にしている

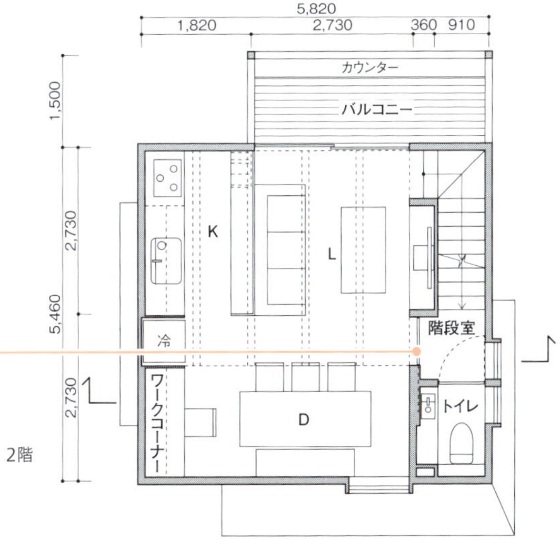


階段室と居室の間に引戸
を設け、パブリックな1階
とプライベートな2階を区
切っている

## 各階階高は2,500mm以下

この住宅は平面だけでなく断面もよく整理されている。
各階階高は2,500mm以下に抑えられ、
3階建て+屋上であるにもかかわらず、外観に威圧感はない。

2階ダイニングからバルコニーを見る。梁露し天井や、バルコニーを介して見える外の景色が、コンパクトなLDKにほどよい開放感をもたらしている

バスコート壁：
スギ縦羽目板㋐15
(木材保護塗料塗装品)
横胴縁㋐15
透湿防水シート
火山性ガラス質複層板㋐12

飾り屋根：
アルミめっき鋼板㋐0.4横葺き
(働き幅180×1,820)
アスファルトルーフィング
構造用合板㋐12
垂木30×40@455

天井：石膏ボード㋐9.5
の上、漆喰

床(剛床)：
ナラ無垢フローリング無垢㋐15
実付き構造用合板㋐28

出窓屋根：
アルミめっき鋼板㋐0.4平葺き
アスファルトルーフィング
構造用合板㋐12

床(剛床)：
ナラ無垢フローリング㋐15
3層クロスパネル㋐36

軒天井：ベイスギ90×12 素地

ぎゅっと帽子をかぶったような屋根にするため、
軒裏を折り上げている

浴室に大きな窓を開けたくても、道路側は避け
たいもの。そこでバスコート(吹抜け)を設けた。
バスコートは床面積を減らすためでもある

外壁：
スギ下見板張り(押縁付き・木材
保護塗料塗装品)働き幅145
縦胴縁㋐15
透湿防水シート
火山性ガラス質複層板㋐12
現場発泡ウレタン㋐105

上階の浴室の排水管を通すため、ダイニングの
天井高は2,000㎜まで抑えた

地覆：モルタル金鏝押さえ

3層クロスパネル+フローリングの踏み天井とす
ることで、階高を抑えると同時に天井高を確保

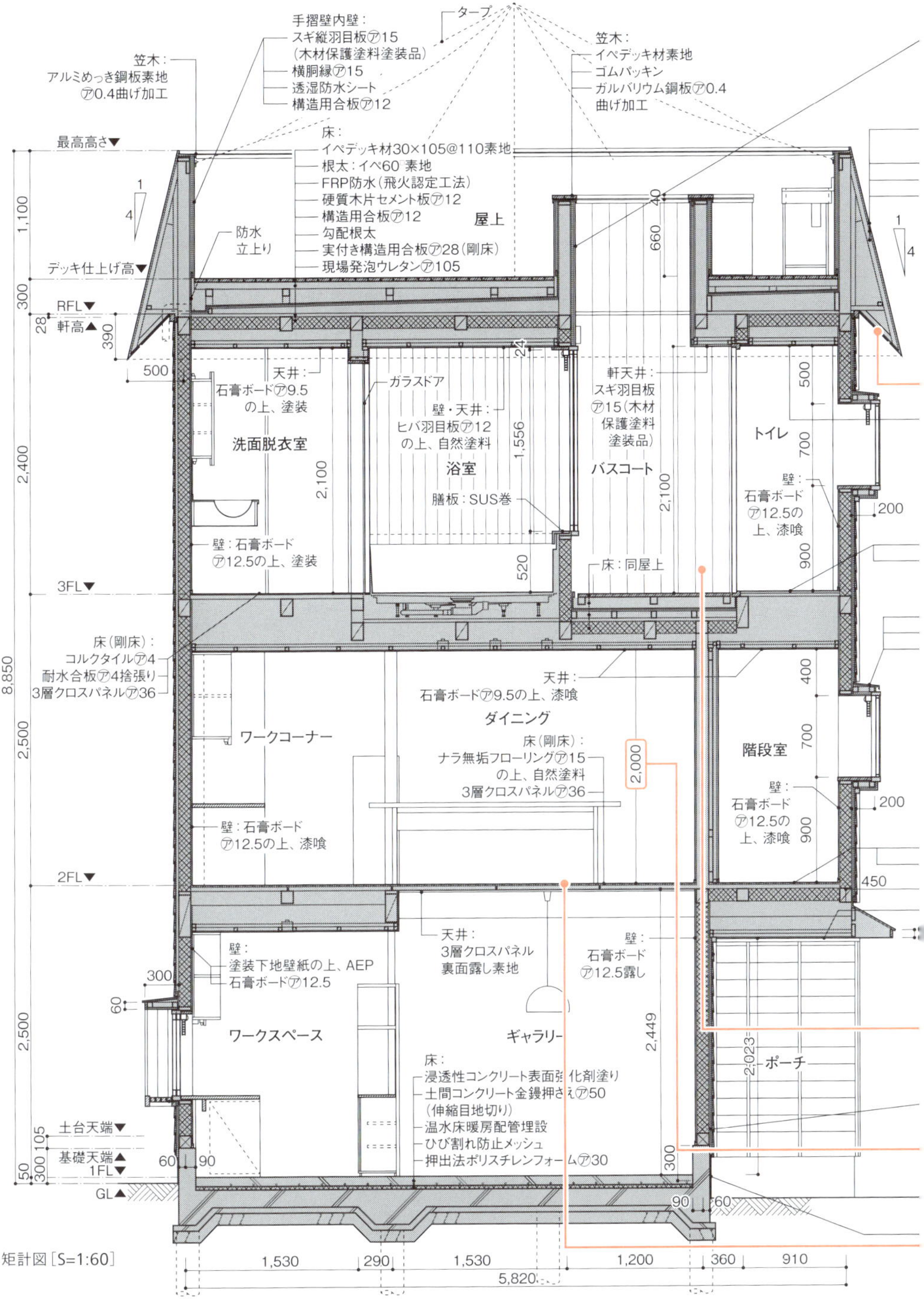

タープ
手摺壁内壁：
スギ縦羽目板㋐15
（木材保護塗料塗装品）
横胴縁㋐15
透湿防水シート
構造用合板㋐12
笠木：
アルミめっき鋼板素地
㋐0.4曲げ加工
笠木：
イペデッキ材素地
ゴムパッキン
ガルバリウム鋼板㋐0.4
曲げ加工
床：
イペデッキ材30×105@110素地
根太：イペ60□素地
FRP防水（飛火認定工法）
硬質木片セメント板㋐12
構造用合板㋐12
勾配根太
実付き構造用合板㋐28（剛床）
現場発泡ウレタン㋐105
屋上
最高高さ▼
デッキ仕上げ高▼
RFL▼
軒高▲
防水
立上り
1,100
300
28
390
500
1
4
40
660
24
天井：
石膏ボード㋐9.5
の上、塗装
ガラスドア
壁・天井：
ヒバ羽目板㋐12
の上、自然塗料
軒天井：
スギ羽目板
㋐15（木材
保護塗料
塗装品）
洗面脱衣室
浴室
バスコート
トイレ
1,556
2,100
2,100
幅板：SUS巻
壁：石膏ボード
㋐12.5の上、塗装
520
床：同屋上
壁：
石膏ボード
㋐12.5の
上、漆喰
500
700
200
900
2,400
3FL▼
床（剛床）：
コルクタイル㋐4
耐水合板㋐4捨張り
3層クロスパネル㋐36
8,850
天井：
石膏ボード㋐9.5の上、漆喰
ダイニング
ワークコーナー
床（剛床）：
ナラ無垢フローリング㋐15
の上、自然塗料
3層クロスパネル㋐36
2,000
階段室
400
700
200
900
壁：
石膏ボード
㋐12.5の
上、漆喰
壁：石膏ボード
㋐12.5の上、漆喰
2,500
2FL▼
450
天井：
3層クロスパネル
裏面露し素地
壁：
石膏ボード
㋐12.5露し
壁：
塗装下地壁紙の上、AEP
石膏ボード㋐12.5
300
60
ワークスペース
ギャラリー
2,449
2,023
ポーチ
2,500
床：
浸透性コンクリート表面強化剤塗り
土間コンクリート金鏝押さえ㋐50
（伸縮目地切り）
温水床暖房配管埋設
ひび割れ防止メッシュ
押出法ポリスチレンフォーム㋐30
土台天端▼
基礎天端▲
1FL▼
GL▲
105
300
50
60
90
300
90
60
1,530
290
1,530
1,200
360
910
5,820

矩計図［S=1:60］

# 四周に配慮した立面

敷地は道路、畑、川、駐車場に囲われて四方が開けているため、
平面・断面だけでなく、立面にまでとても気を使っている。水口さんは、
「自分がいなくなった後も、この建物は残ってほしいという想いで設計しました」と。
私よりも若い人にそんなこと言われたら、私は身の置き所がないよね。

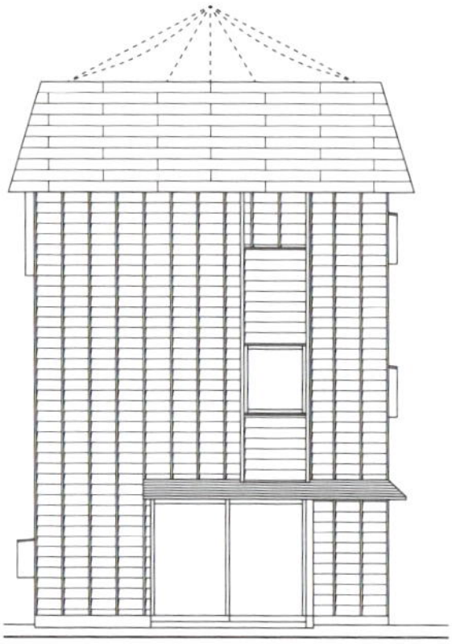

北面（道路側）

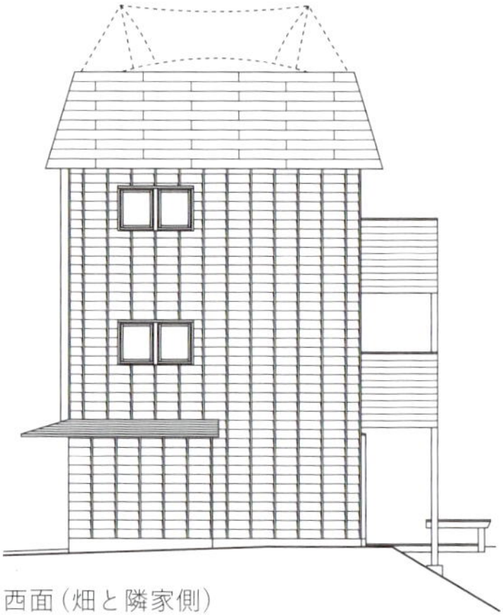

西面（畑と隣家側）

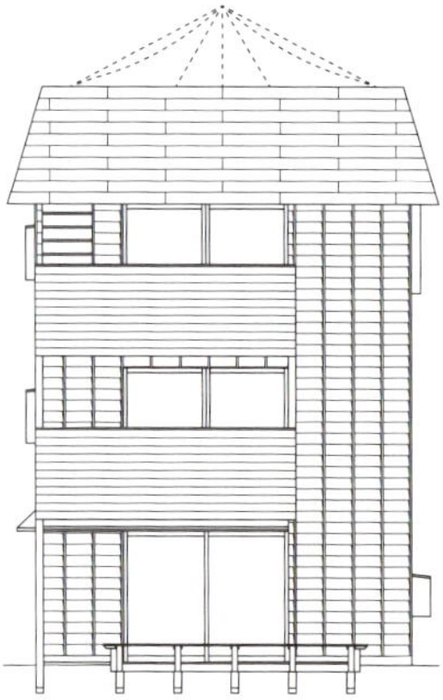

南面（川に向って）

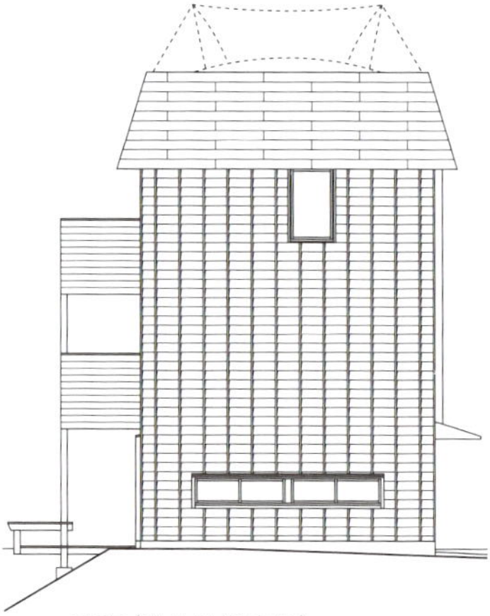

東面（隣地は駐車場）

立面図［S=1:200］

上:北面ファサード。開口部は上下階で位置がそろうようにした。また、アルミサッシは出窓にしたり庇を付けたりして、木板の外壁になじむようにした／下:南面バルコニー。どの階からでも外に出て、階ごとに微妙に異なる外の風景を望める。1階テラスは奥行き・平面位置をバルコニーとずらし、屋根ありと屋根なしの場所をつくっている

The house. 06

# 田の字に配置した集合住宅

## 設計者 粕谷淳司・粕谷奈緒子「QUAD」

DATA

設計：カスヤアーキテクツオフィス

敷地面積：266.06㎡　延床面積：604.42㎡　竣工：2014年

### 体幹を鍛えてこそ生まれる柔軟性

自分はさておき、人は謙虚であるべきだと私は思う。相手が誰であろうと、その意見に素直に耳を傾けられる人は、それゆえ自分には厳しくなって、力を蓄えてゆく。

粕谷淳司・奈緒子夫妻はいつも柔和な笑顔が温かいお二人だ。けれど見かけによらずその芯はかなり強い、と私は見ている。

ＱＵＡＤは粕谷さんご家族と親族が入居し、アトリエも入る10戸の集合住宅。その名のとおり4つにエリアを分ける田の字プランを基本にしている。田の字プランを重ねて、十字部分に垂直動線と水廻りをまとめているから、平面構成上のみならず構造上の芯にもなる。1階から4階まで体幹がしっかりしているから、周囲の住戸は柔軟に振る舞える。各住戸が面する隣地の状況は異なるから、それぞれに日照・通風・眺望を考慮した壁と開口部を配置すればよい。

明快なプランだから、それを言葉で説明するのは容易だが、複雑な諸要素をまとめて明快に至るまでスタディを重ねるのは容易なことではない。

図面を拝見していると背筋が伸びてくる。

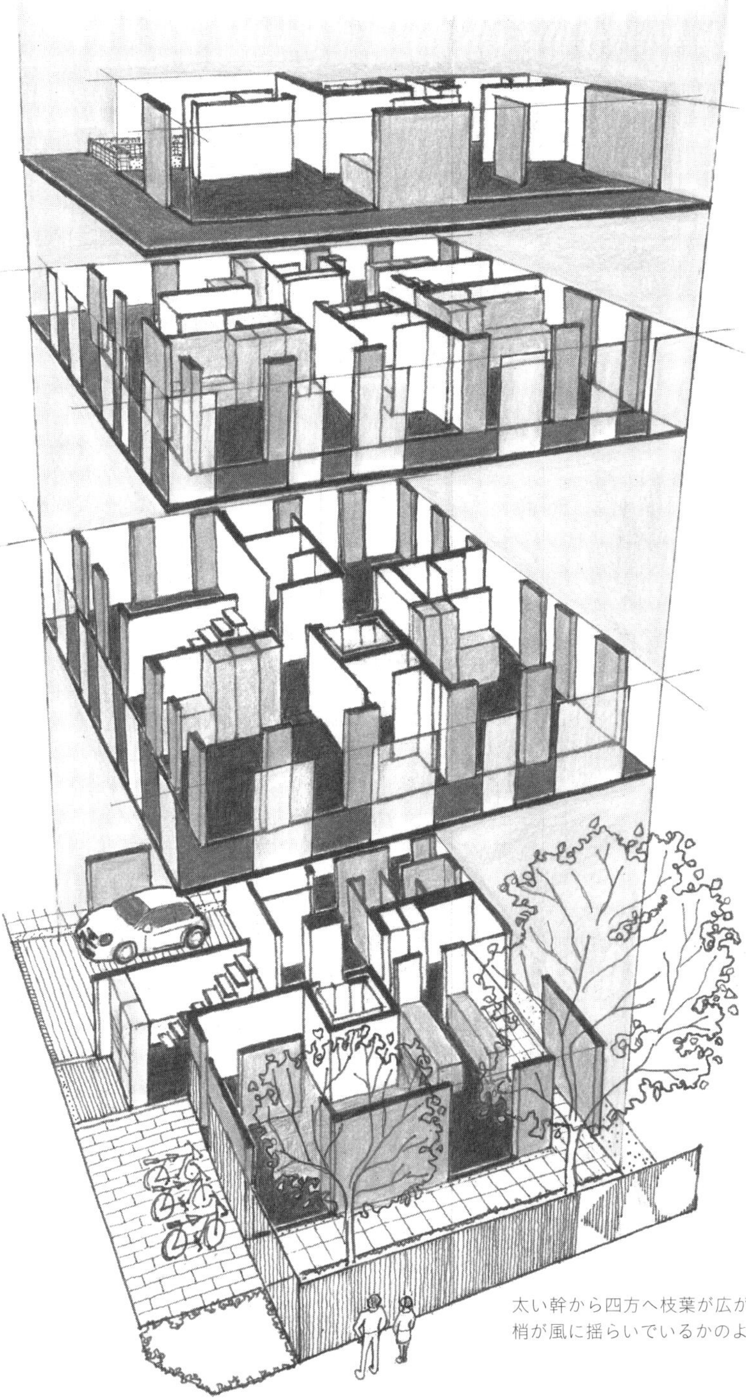

太い幹から四方へ枝葉が広がって、
梢が風に揺らいでいるかのようだ

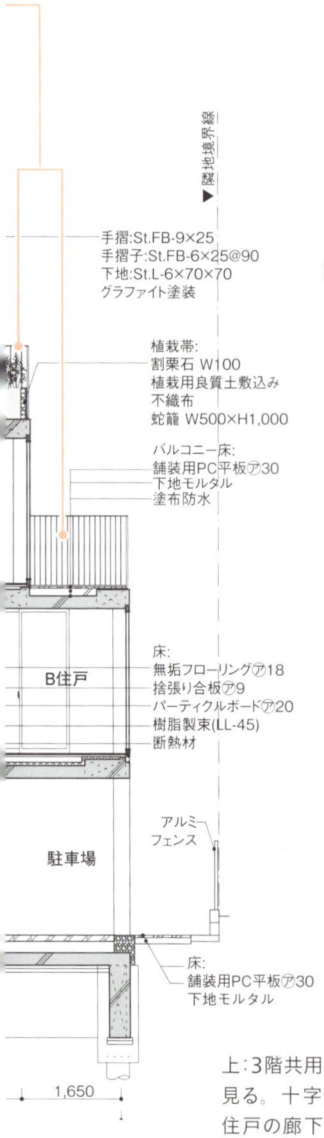


## 逆梁工法で垂壁のない天井いっぱいの開口

QUADの内観は、スラブ露しの天井を支える
壁のほかは、天井いっぱいの開口だけだ。
垂壁の出ない逆梁工法で室内とバルコニーの連続感は高まる。
階高は2,700㎜に抑えられ、2,300㎜の天井高でも圧迫感はない。

上:3階共用廊下から西側を見る。十字部分を横切るF住戸の廊下はガラス張りにし、光の通るブリッジ(橋)とした/下:3階共用廊下から東側を見る。階段室両端の壁を蛇篭の腰だけにしたり、ガラスを用いたりすることで、外へと気持ちが抜けてゆく

写真2点:吉村昌也

前面道路側のバルコニーは奥行き1,050㎜の片持ちスラブとし、外観に水平ラインが鋭く出るようにした[48頁写真、53頁立面図参照]

北側を階段状のバルコニーと屋上テラスにすることで斜線制限をかわしている。広々としたテラスは共用である

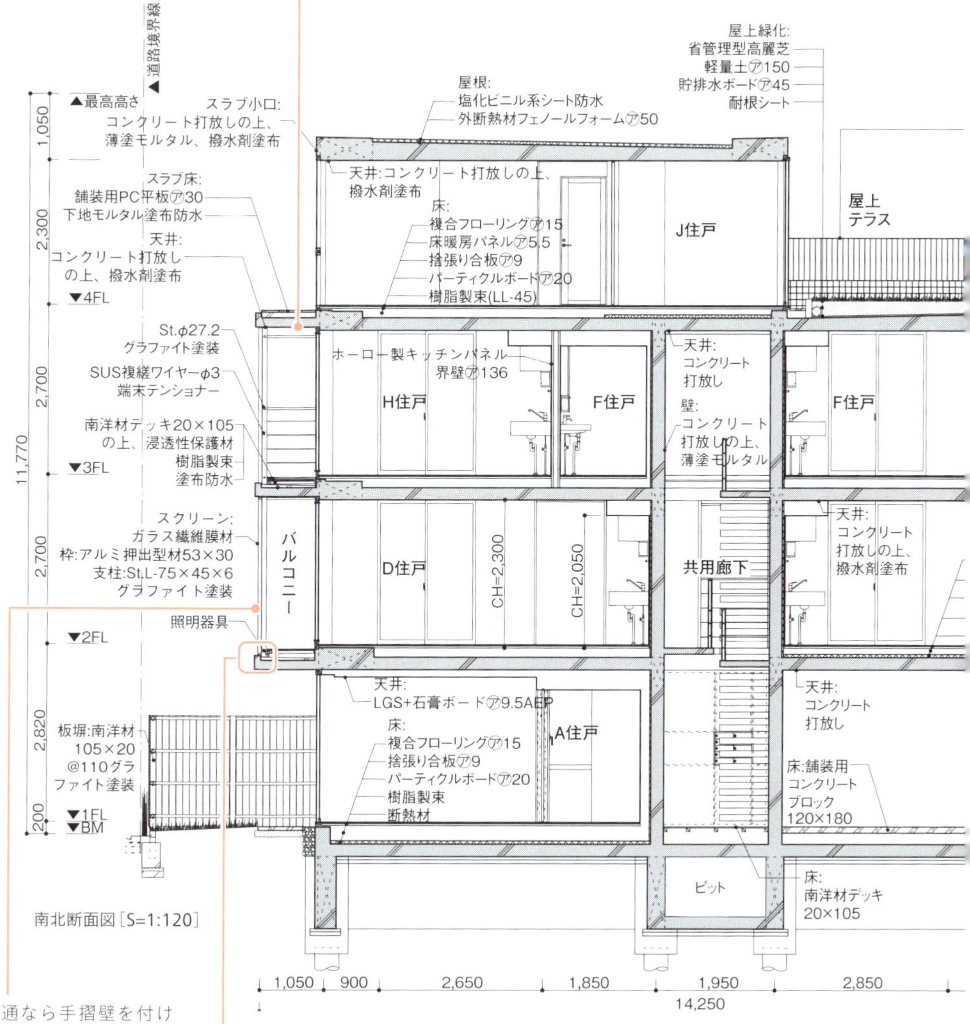

南北断面図[S=1:120]

普通なら手摺壁を付けるところ、半透明な膜材(スクリーン)を壁のようにして使用した。窓のカーテンを閉じなくてもプライバシーが守られる、半屋外空間を生んでいる

バルコニーの床下にLED照明を隠し、間接照明とした。この照明は全館一括管理で、個別に点灯・消灯はできない。そのため光が室内に直射しないよう(カーテンを閉じれば室内を暗くできるよう)、カットオフラインを現場で確認・設定した

# セットバックしていく北面

斜線制限をかわしながら北面に解放的なバルコニーと屋上テラスを実現している。

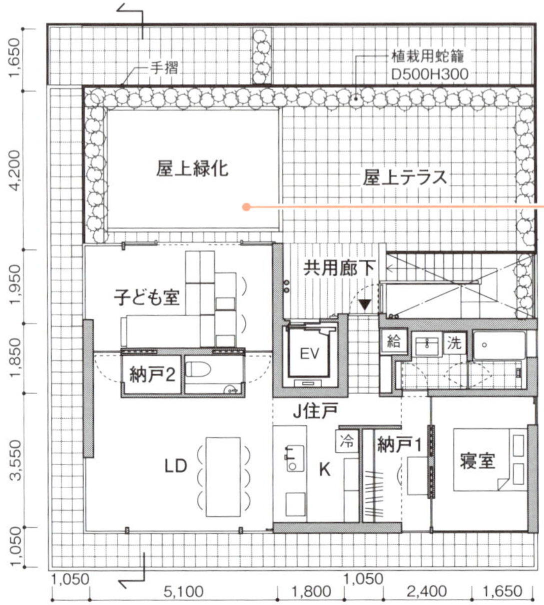


凡例:
冷:冷蔵庫
洗:洗濯機
給:給湯器
複:複合機

子ども室に面する屋上緑化部分の四周をコンクリートブロックで立ち上げ、テラスとは緩やかに区切るとともに、必要な土厚を確保

4階
(賃貸住戸＋屋上)

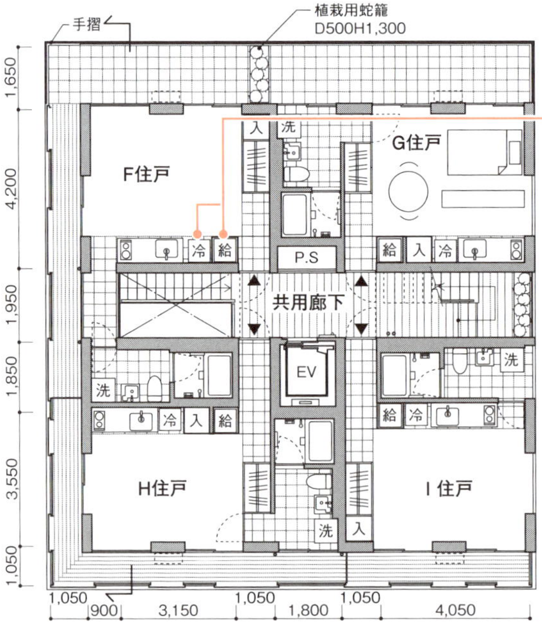


住宅とオフィス使用では冷蔵庫のサイズが異なると想定されるため、キッチンカウンター脇には一般的なサイズの冷蔵庫を、カウンター下には小型冷蔵庫を置けるようにした。また、冷蔵庫スペースには複合機を置くこともできる(B住戸参照)。電気給湯器は、湯切れの心配がないよう、2~3人家族で必要な容量を確保

3階
(賃貸住戸・オフィス)

床の傷を気にせず収納家具を自由に置けるよう、居室の床の一部を玄関から続くタイル敷きとした

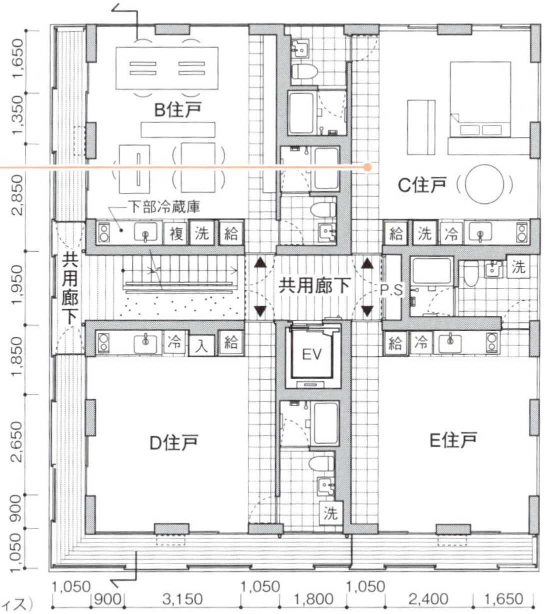


2階
（賃貸住戸・オフィス）

戸数の少ない共同住宅ではエレベータを設置しないこともあるが、ここでは高齢者も無理なく屋上まで行けるように設置

1階はセランガンバツ材の板塀で囲んで中庭を設け、前面道路との距離をとった

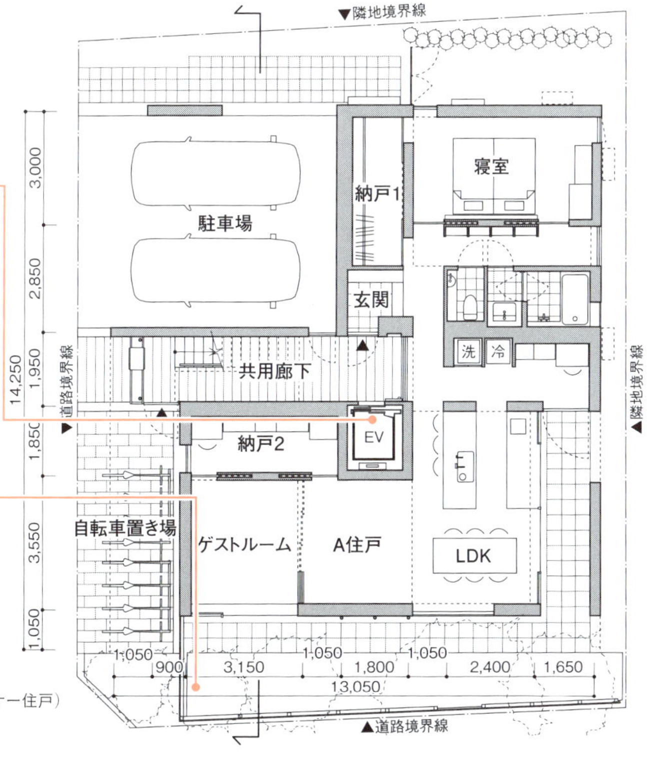


平面図［S=1:200］　1階
（オーナー住戸）

# 田の字プランでも多彩な住戸バリエーション

シンプルな田の字プランにもかかわらず、
バルコニーの有無や水廻りの配置は住戸ごとに異なる。
斜線制限やエレベータの設置などの条件をクリアしながら、
1フロアに4住戸を入れるために練り上げられたプランである。

写真下2点：吉村昌也

上：4階南面（J住戸）のガラスウォール。周囲に大きく開く特別なペントハウスとしてデザインした。窓の外のスラブを単なる屋根ではなく床の延長のようにすることで、内外に連続感を生んでいる／下右：昼の外観。半透明のスクリーンが半屋外空間を意識させる／下左：夜の外観。スクリーン下部が照らされると、室内からは明るいスクリーンまでが自分の領域のように感じられ、夜でもカーテンを開けて外への開放感を得られる

# 半透明のガラス繊維膜材による さまざまな効果

膜材の幅は3種類。
あえてランダムに配置され、素材や取付け方法は、すぐには判別・理解できない。
抽象的で焦点の多い外観は、見る人をむしろ誘引する。

西面

南面

立面図［S=1:250］

今にも動き出しそうなスクリーンによって住戸の戸別が曖昧になり、背後には全面ガラスを連想させる。一方、機能的にもバルコニーに設置する空調室外機や火災報知器、洗濯物干しなどを隠したり、室内奥へは拡散光を届けたりと、さまざまな役割を果たしている

The house. 07

# ヴォールト屋根の下、エスプリは流れる

設計者 小林武「CASA-K」

リビング・ダイニングはあっけらかんとした単純な長方形の平面だ。その長辺方向に架けられたコンクリート露しのヴォールト天井がそれを強調し、一体感に満ちている

## 広い知識と深い洞察が実体化して建っている

建築学科で清家清先生に学んでいたある日、小林武さんは同級生の新しい家に1泊。それが、忘れえぬ日になった。吉村順三先生の名作「浜田山の家」だったのだ。導かれるように吉村事務所へ入所して10年が経った頃、小林さんの耳に、中東ドバイで働ける日本人を探しているとの情報が入った。読書家で映画好きの氏のまぶたに『アラビアのロレンス』の名シーンが次々と……。矢も盾もたまらず妻娘を伴って、憧れのアラブ世界へと飛び立ったのだった。運よくその入れ代わりに入所できた私に小林武の魅力をとうとうと語ったのが、やはり読書家で映画好きの中村好文さん。ですから、帰国後に長兄が建てた自邸「CASA-K」の紹介にあたり、次兄中村好文の評を大いに参考にすることを正直に告白しておこう。要約すると、

・もちろんアラビアのエッセンス
・加えてコルビュジエへのオマージュ
・さらに吉村流の空間のメリハリ
・そしてやはり日本の民家の匂い
・受け継がれてきた場所への想い

この家には、深い洞察に基づいた小林武さんのエスプリが流れる。

**DATA**
設計：小林武建築設計事務所
建築面積：97.05m²
延床面積：124.02m²
竣工：1984年

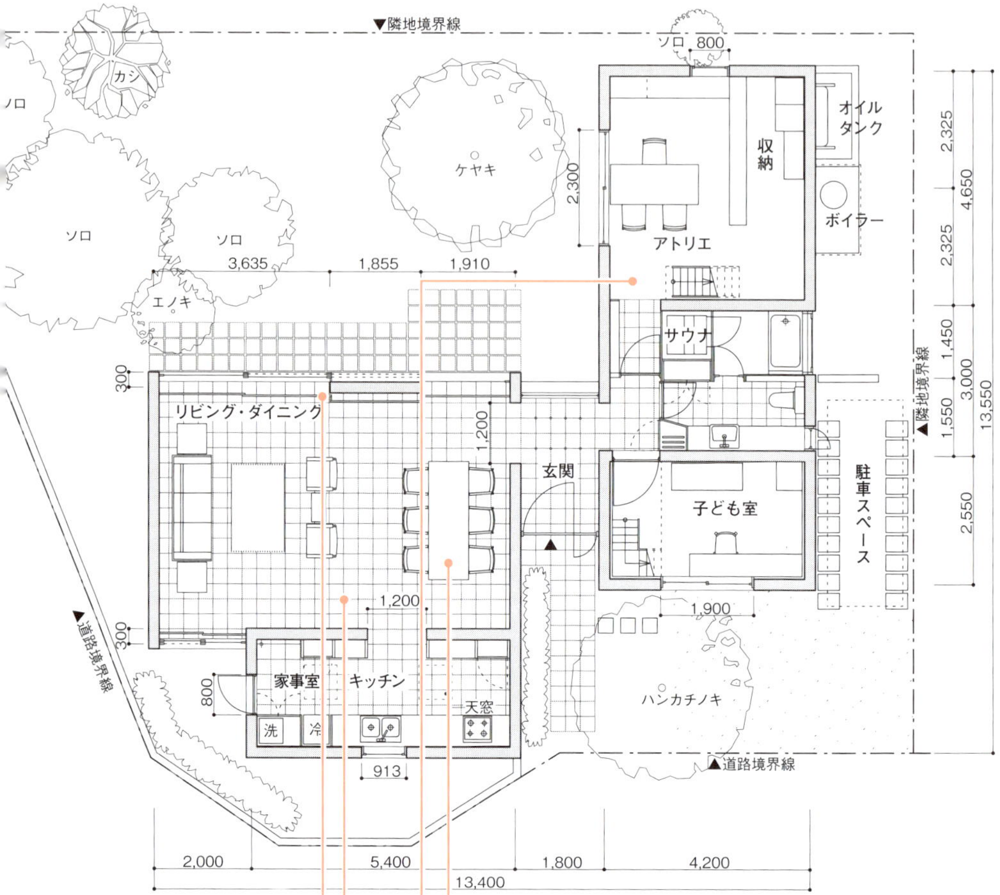


1階

N

平面図[S=1:150]

大きな開口によって大木に囲まれた庭とつながなり、リビングに明るさと開放感が。窓はRC壁の外側に、障子は内側に引き込める

リビング・ダイニングは23畳の広々とした平屋。ル・コルビュジエやマルセル・ブロイヤーの名作家具が悠然と置かれ、家族や友人たちが集まって歓談とくつろぎの時間を過ごす

ファミリーゾーンとプライベートゾーンは明快に分けられ、そのまま立体化し、無駄な動線はない。4つのブロックを変形な敷地に既存の樹木も活かしながら当たり前のように配置したことで、南の庭と玄関アプローチの庭も生まれている。当たり前の技ではない

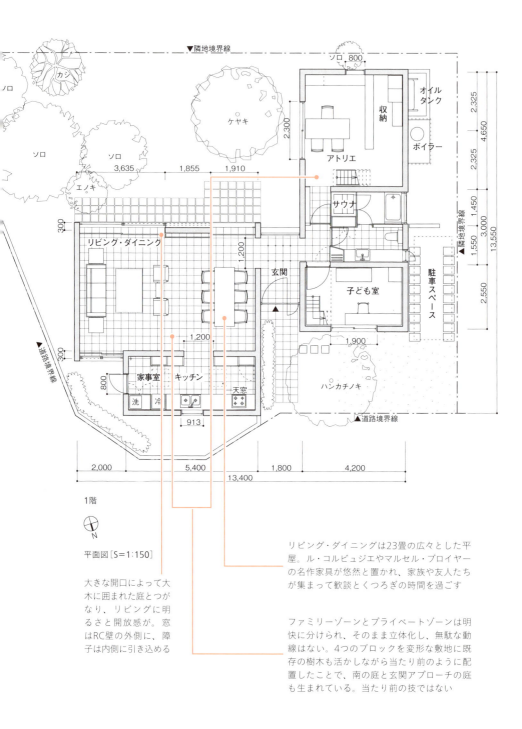

清家清・吉村順三・アラブから小林さんが学んだであろう、いくつかの片鱗をこの住宅のなかに垣間見ることはできる。けれども、それらの具体的な手法よりも、その奥に氏が見抜いたそれぞれの精神と場所性を尊重する姿勢が、この地に生まれ育った氏のエスプリとなって、清々しく流れている

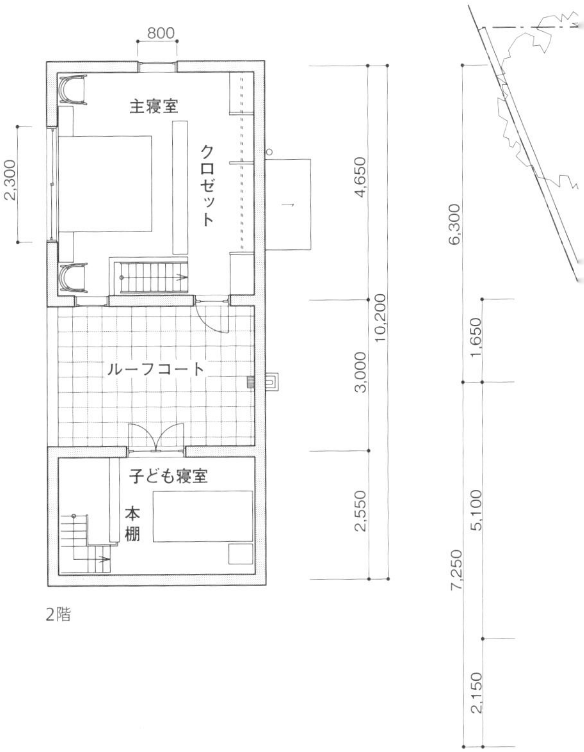


2階

左：玄関アプローチ／右：玄関扉は1枚扉の旋回偏り軸で、内開き。玄関ホールはV字形のガラス屋根とし、東西棟を柔らかくジョイント

# ファミリーゾーンのLDKは独立した平屋のブロック

リビング・ダイニングは大ぶりな平面と高いヴォールト天井にもかかわらず、
不思議と気持ちが落ち着く大空間だ。

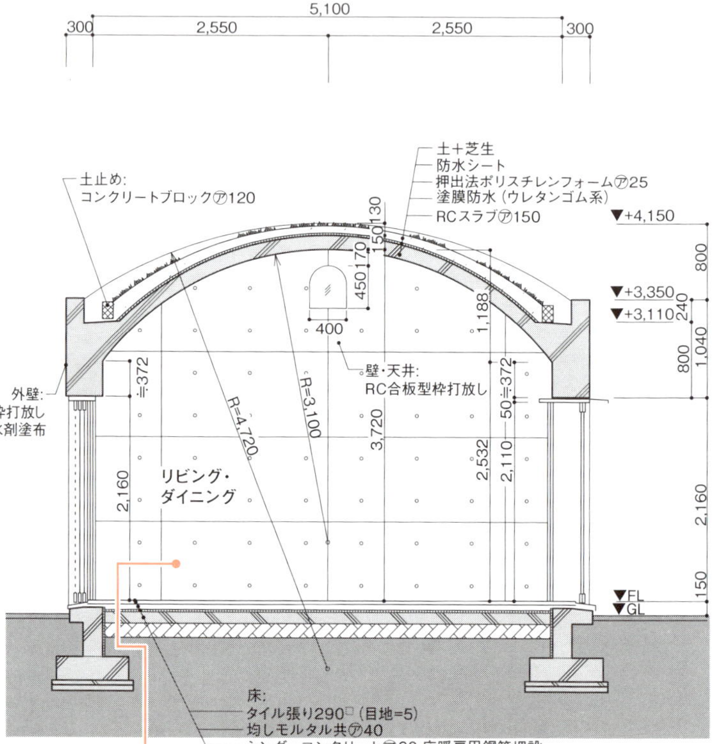

断面図［S=1:80］

コンクリート打放しのヴォールト天井と壁、全面タイル張りの床によるアラブ的一体感のある部屋だが、庭に大きく開けられた掃出し窓や、そこに仕込まれた障子のせいか、不思議と日本の民家の土間空間をも連想させる

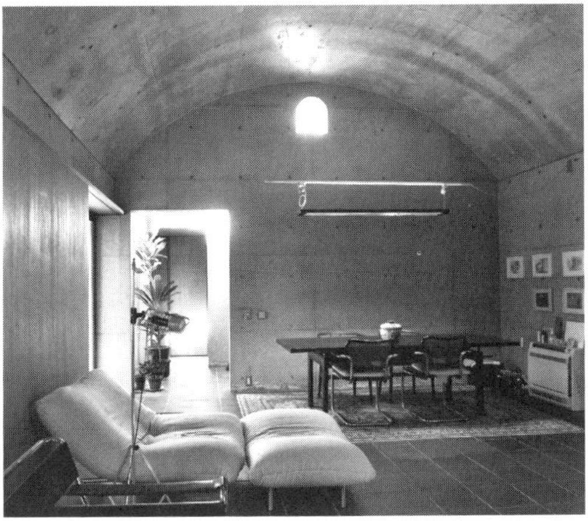

リビングからダイニングを見る。玄関ホールへの開口部や写真右側にあるキッチンへの開口部に建具はない。「特殊なシカケや凝ったディテールを盛り込みたくなかった」、と小林さん

ダイニングからリビングを見る。コンクリート打放しの天井と壁、タイル張り床に大らかに包まれる大空間。南北の障子を開けると、一挙に外部空間ともつながっていく

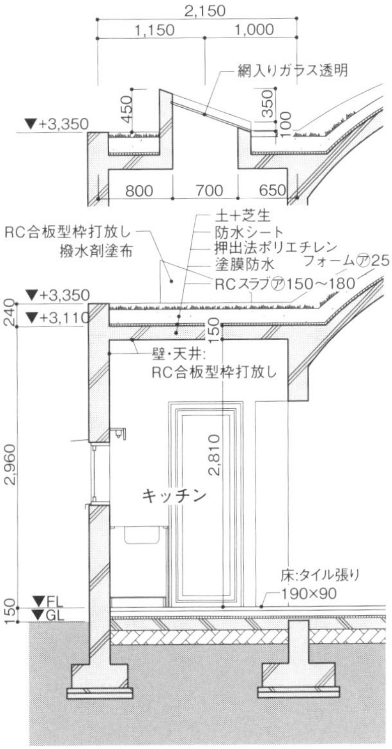


断面図［S=1:80］

# 平屋のLDK棟と2階建ての個室棟の巧みな配置で多彩な外部空間

両親と子どもは、それぞれ別の階段の2層の部屋をもち、
LDK棟に比べてコンパクトにまとめられている。
主寝室へ入る前にクロゼットを通るのは実質的だ。

上:主寝室と子ども室へは、それぞれ別の階段を昇り、2階のルーフコートで再び出会う／下:南側の庭からの外観。左奥の2階建て棟と手前の平屋棟はヴォールトの向きが直交している。ル・コルビュジエの後期の住宅を思わせる

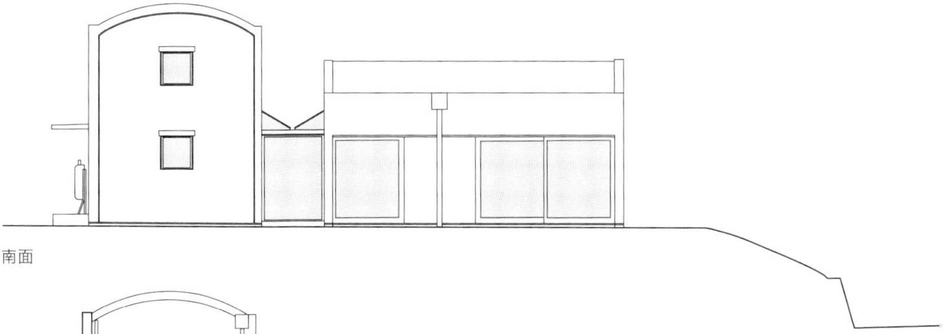

南面

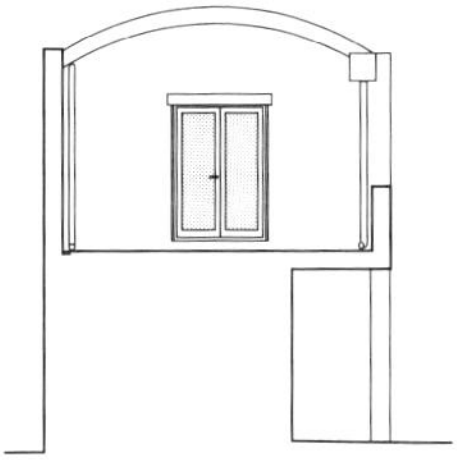

ルーフコート南面

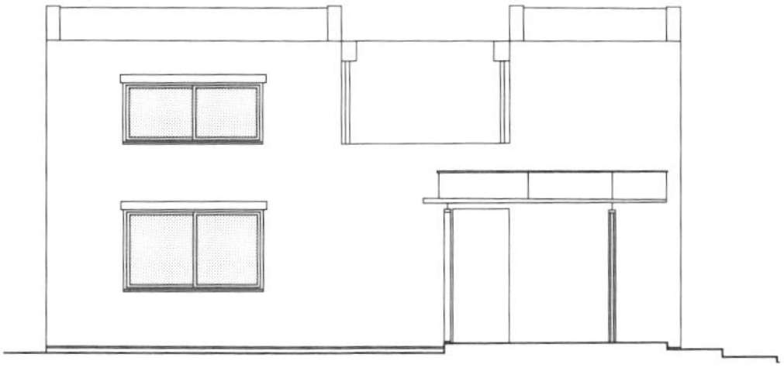

2階棟東面

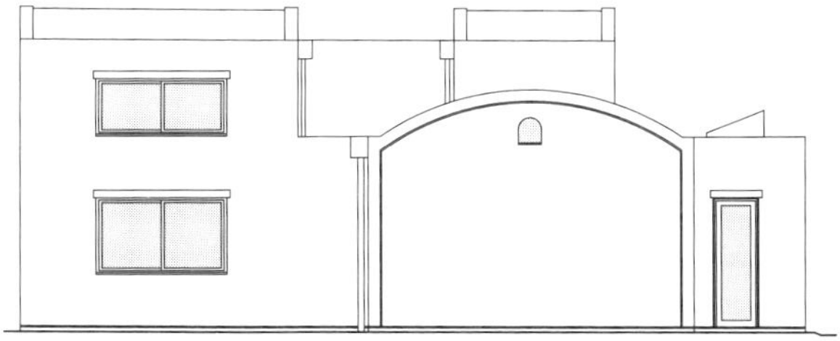

東面

立面図［S=1:200］

3つのヴォールトが群を成す。それぞれの妻側に入れた目地がヴォールトを強調しつつ、室内にきれいなヴォールト天井が広がることをも暗示している

The house. 08

# ドームを囲ってしまった！

設計者 鈴木信弘・鈴木洋子

## 「たまねぎHOUSE」

**型破りのカタチにも**
**想いやるキモチあり**

鈴木夫妻ほど飾らない建築家も珍しい。信弘さんは、よく飲み、よく食べる巨漢だが、現場主義の行動派。豊富な建築知識にもなお、無垢な好奇心と探求心の持ち主。「ヨーコ！」「おーいヨーコ！」何かにつけて彼に呼ばれながら、それを柔らかく受けとめ、受け流す洋子さん。二人はギターとボーカルで路上ライブをこなすアーティストでもある。そんなカップルだから、面白そうなら何でもトライする。「やろうか？」「やりましょ！」

今回登場の「たまねぎハウス」。その名のとおり、正方形プランのど真中にドーン！と玉葱状の塊が鎮座している。ぶ厚い皮を残してくり抜かれた内部は寝室である。ベッドに横たわれば、大きな天蓋《てんがい》に包まれたようで、スケールアウトな空間なのに妙に落ち着くのだ。頭上の孔から朝の青空も夜の星空も眺めれば、想いははるかに時空を漂う……って、おっと、ここで話を終えちゃったら、イケマセンね。

こんなとんでもない意匠が実にキチンと間取りの定石を踏まえ、しっかりと基本に根ざした玉葱だと、解っていただきたいのです。

**DATA**
設計：鈴木アトリエ
敷地面積：215.61㎡
延床面積：78.72㎡
竣工：2008年

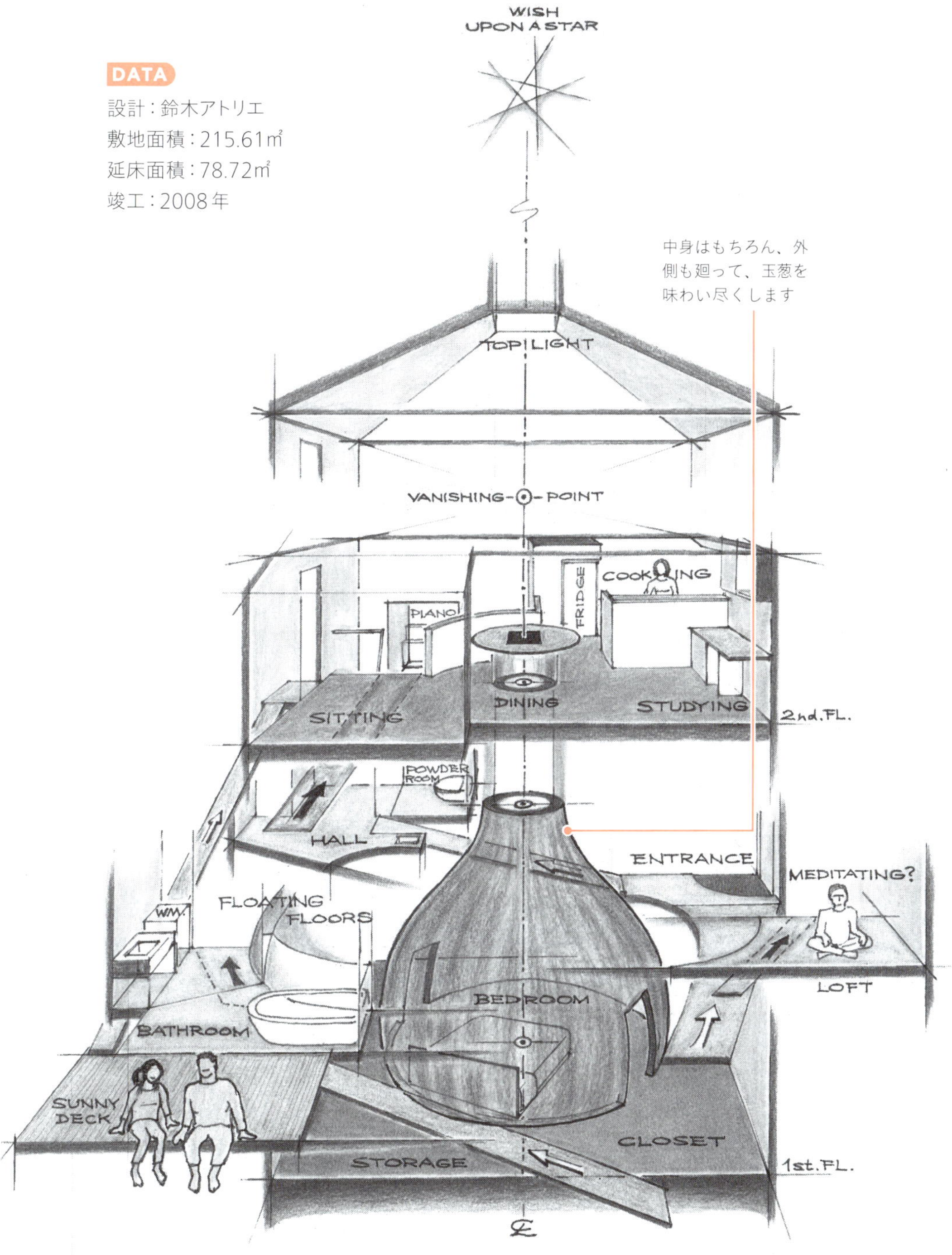


中身はもちろん、外側も廻って、玉葱を味わい尽くします

# 玉葱の芯と皮が折りなす多彩な空間

玉葱の芯は建物内部を最下部から最上部まで貫く。
玉葱の皮は周りを舞ってさまざまな機能を担う。

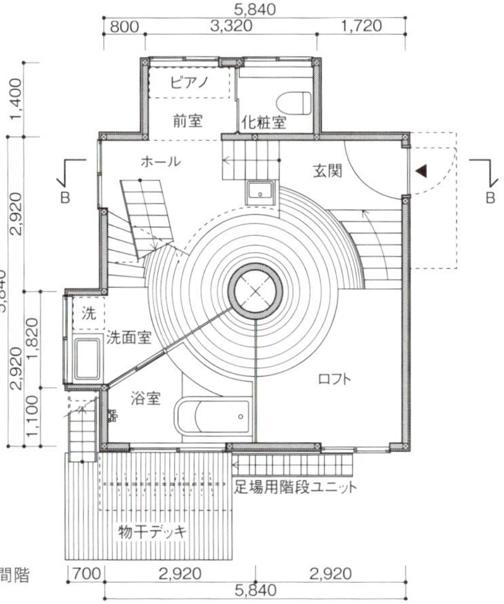


中間階

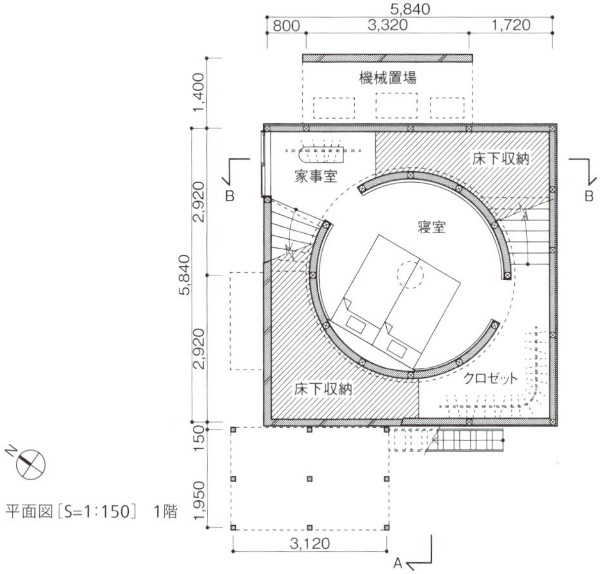


平面図［S=1:150］ 1階

左上：最上階にLDK。中央の丸いダイニングテーブルのガラス板を通して、寝室へ光が降りそそぐ／右上：玄関からホールを見る。玉葱の外側を上って行くように、最上階へと階段が続く／下：玉葱のなかは4m近い天井高でも不思議と落ち着く寝室。頭上の穴はダイニングテーブルへ抜けていく

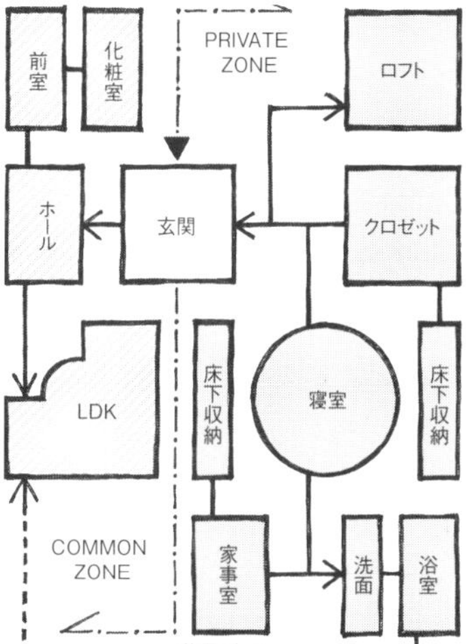


**SPACE DIAGRAM**

複雑に折り畳まれた2.5層の正方形プランも、平面のダイアグラムに分解してみれば、極めて明快にゾーニングされていることが解かる

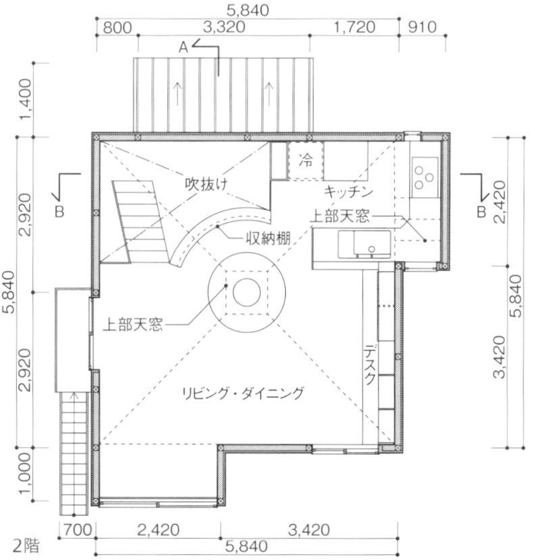

# 玉葱の芯は天上へと芽を吹く

この家を特徴づける玉葱は、単なるドーム状の寝室にとどまらず、
最上階の天窓へと突き抜ける「芽」となって広がっていく。

左上：ドームは12本の集成材リブ（ベイマツ120㎜角）を中段のタガで固めている／右上：最上階の方形折上げ天井の頂部には天窓が／下：玉葱の頭上の孔はダイニングテーブルのガラス板へ

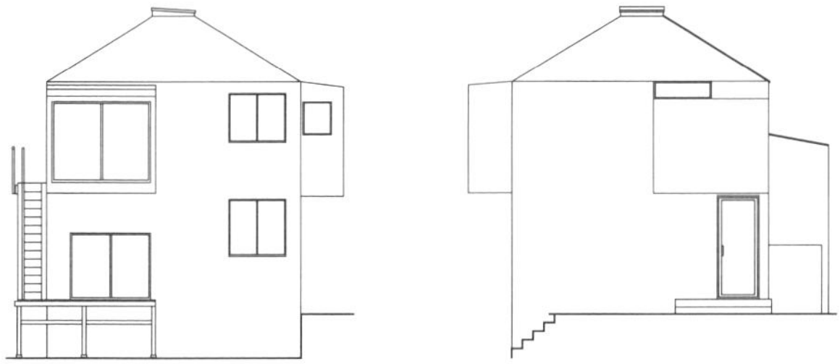

南西

南東

立面図

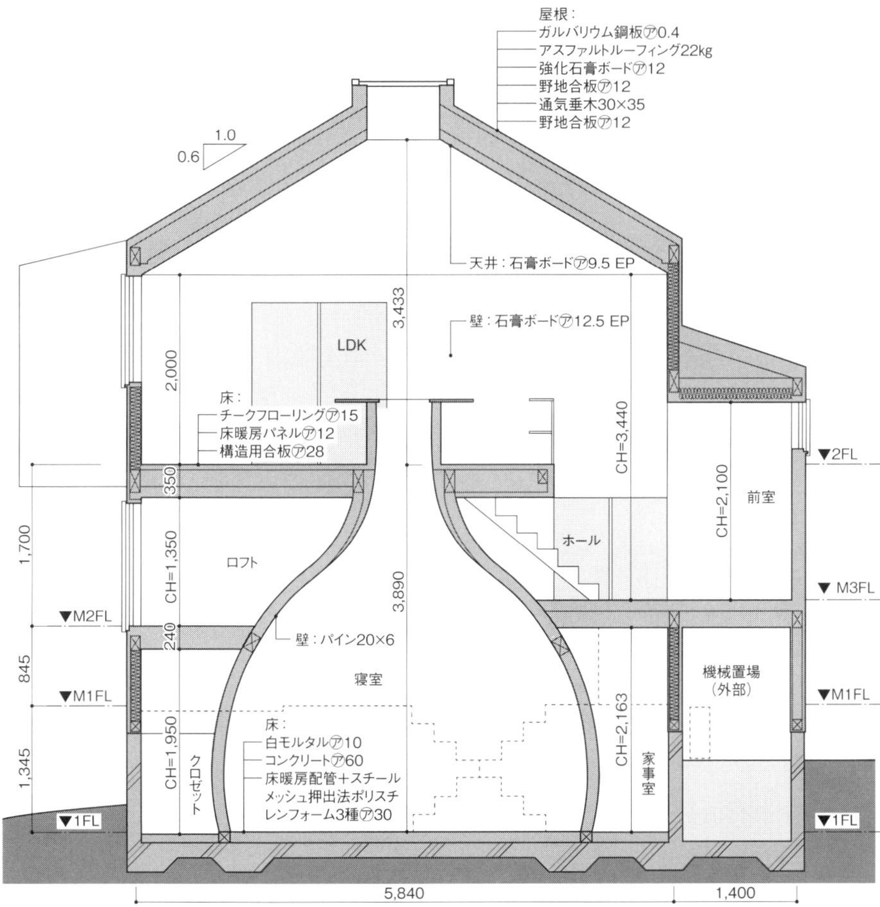


A断面図［S=1:80］

ドーム型の住宅ならいくらでもあるが、ドームを内在させた住宅は珍しい

## 玉葱の皮が舞うごとく

ドームの周りには、絶妙なレベル差のスペースが散らされ、
それを廻る動線に従って合理的な機能が当てられている。

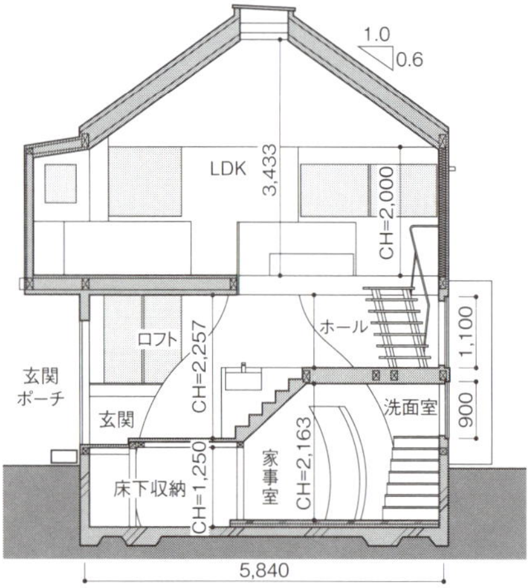


B断面図[S=1:150]

左上:居間の掃出し窓からは、遠くまで眺望が開ける。浴室前の広い物干デッキから居間へ直接行ける階段もある/右上:吹抜けに面する腰壁は丸テーブルに合わせた曲面の収納棚だ/右下:浴室の腰壁の上を半透明にして(ツインポリカーボネート クリア色、腰壁はFRP白)、玉葱を見せているのはウマイ!

左:2階からホールを見下ろす。動線上の中間階にピアノやトイレを配置
右:ホールから2階を見上げる。上にも下にも視線が抜け、玉葱の外側が見えている

左:ロフトへは階段の途中に梯子を架けて上る／右:寝室から半階上って洗面室、浴室へ

The house. 09

# 街角に2人で棲む

## 設計者 手嶋保「桜台の家」

絞られた光が、空間の実
在を静かに照らし出す

**DATA**

設計：手嶋保建築事務所
敷地面積：89.34m²
延床面積：88.56m²
竣工：2016年

## 光を操り、細部を浮かび上がらせる

　40年前の秋、福岡から上京した大学生が吉村順三先生の門をたたいた。なんの当てもなく、だれかを頼って来たのでもない、そんな若者に吉村先生が心を動かされないはずがない。東京で数年実務を積んだ手嶋保さんを先生が迎えたのは、それから5年後のことだった。そして、先生が逝くまでの最晩年の時期を一スタッフとして、手嶋保は先生に寄り添った。

　個人のアトリエ事務所に共通して言えることだと思うが、スタッフとして働いたからといって、その建築家の姿勢や方法を学んだうえ、さらに自分の方向を築いていける卒業生は多くない。吉村事務所での彼は数少ない一人だろう。吉村先生の設計は巷間思われているよりもずっと普通でクセがない。たとえば、どの部屋も均しく明るく、また柔らかく明るくしたいから障子を使い、天窓は少ない。いわばフラットな空間だ。比べて手嶋保が造る空間には光の強弱があり、照らされた細部はいやがうえにもその質感を浮かび上がらせる。

　空間は立体感を増していく……。

## 主体としての壁が、外部を隔てる

天井･壁･床に打放しと洗出しのRC、無垢と合板の木材を巧みに案配し、
落ち着いた空間をつくっている。

上：ダイニングからリビングを見る。吹抜けに設けた出窓状の高窓から、大きく空が見える。写真左はキッチン／中：リビング北面には、スリット窓から光が差し込む。奥にダイニングが見える／下：寝室から土間を見る。左に玄関、右に書斎とクロゼットがある。小さな吹抜けと壁のスリットから光が届く

リビングに掃出し窓は設けず、屋上階の吹抜けの壁に開口部を設けることで、空から光が降りそそぐ

天井・壁はコンクリート露しとラワン合板で切り替えられ、それぞれの面が主張し、空間構成を意識させる

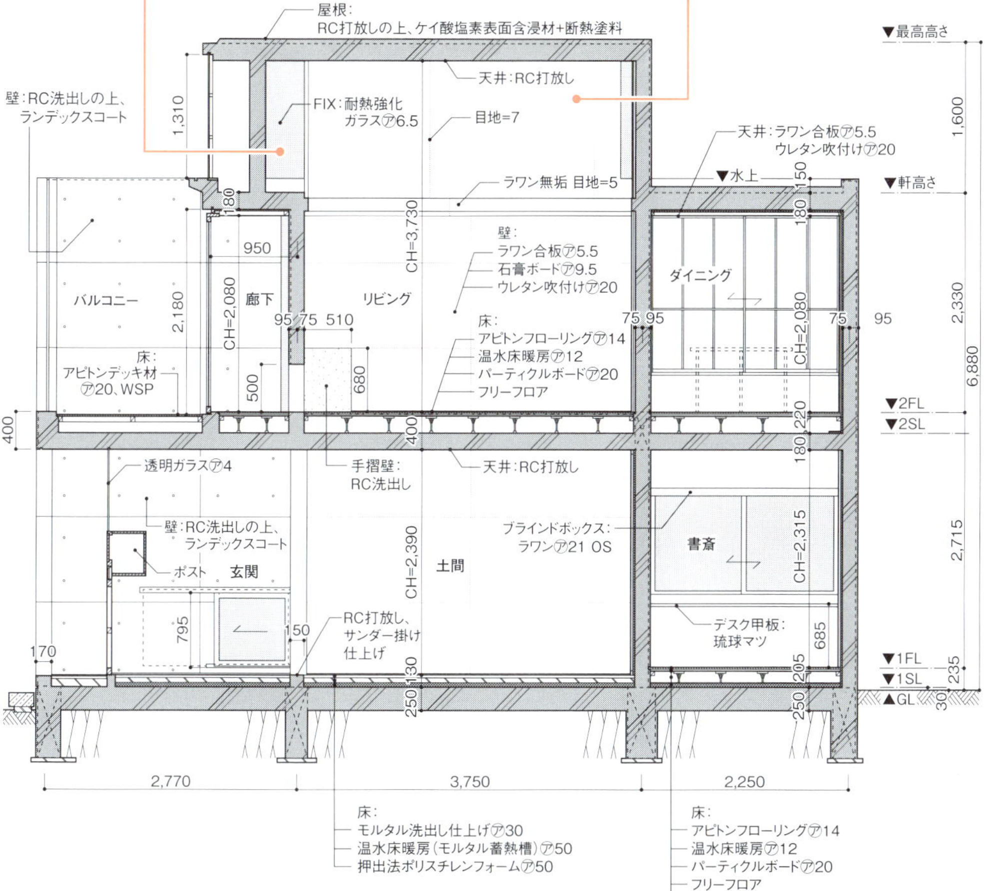


断面図[S=1:80]

# RCの構造体が無垢のままで空間をも形づくる

表面処理を施したRC打放しの壁が空間を間仕切り、
外部と内部の区別を曖昧にしている。それゆえ、光はスーッと入り込む。

玄関から寝室内まで土間をつなげることで、寝室の土間で靴を脱ぎ履きし、玄関はきれいに保つことができる。広めのクロゼットも備えており、身支度の動作と動線を深慮した構成だ

角地の端の部分はセットバックして道路から距離をとり、1階に書斎、2階にダイニングを配置している。それぞれ、この住宅では比較的大きな腰窓が設けられ、オリーブやレモンの木が見える

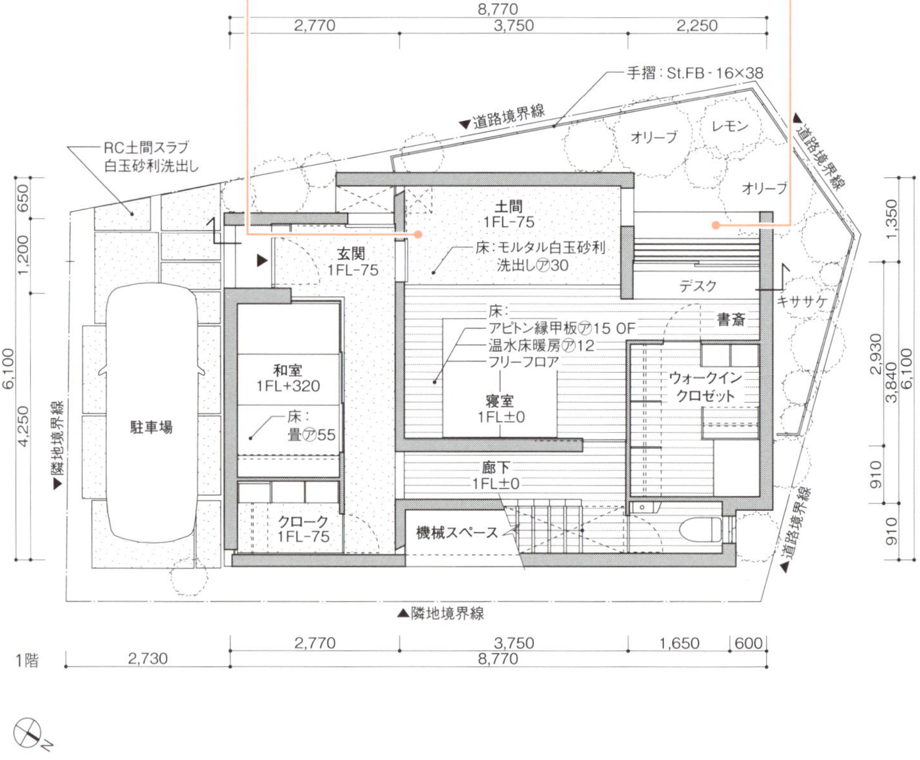


平面図［S=1：120］

ぎりぎり低く抑えられた水廻りとダイニングの両翼に対し、中央のリビングは階段上部からせり上っていき、3,730㎜の天井高を有する。その高みの南側に設けた高窓を出窓状にすることで、量的のみならず質的にも有効な採光方法となっている

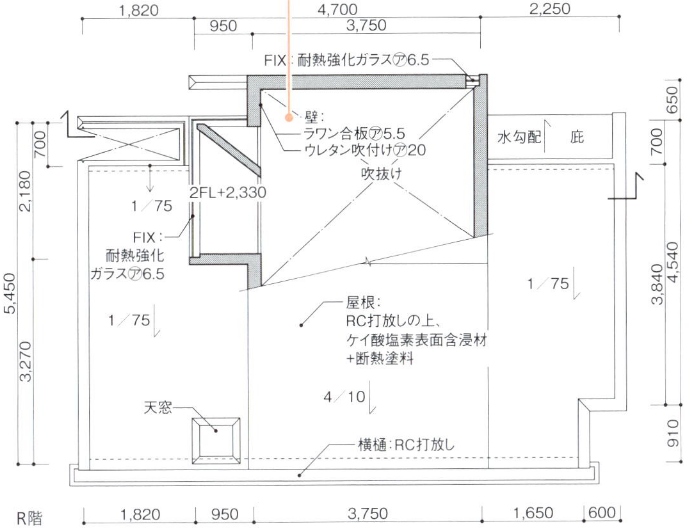


R階

逆梁の上面を床に露し、各居室をさりげなく区切っている

キッチンと収納を一体で製作し、部屋の中心に配置。家具以外のモノはここにしまわれ、壁に囲われた空間を生かしている

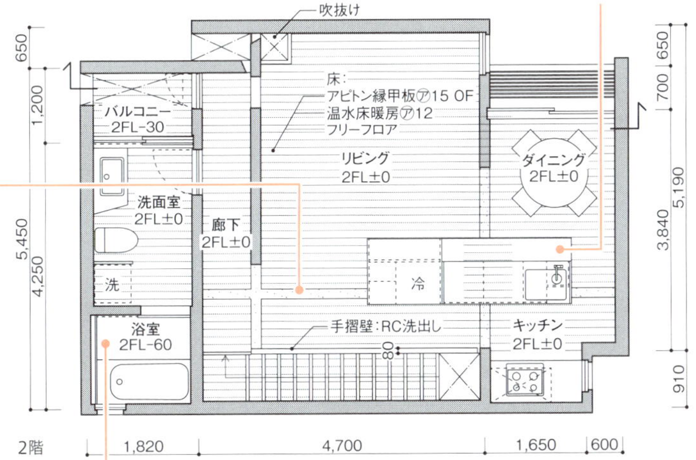


2階

共働きで帰りが遅くなることもあるため、妻が家に1人で居ても不安なく過ごせるよう、生活空間と水廻りは2階にまとめている

# 絞られた開口部がちりばめられ<br>いくつもの場所を灯し出す

敷地は駅からほど近く、比較的にぎやかな角地にある。編集者夫妻が静かに棲むために、RC造の壁でしっかり囲ったうえで開口部のとり方を工夫している。

左：リビング西面を見る。上下左右の隅から鋭い光が差し込んでくる／右：南側外観。外壁は洗出しされた渋みのあるRC壁だ。コーナーを少しずつ削られた塊が街角に建っている

# 洗出しされたRCの塊を割って光が入ってくる

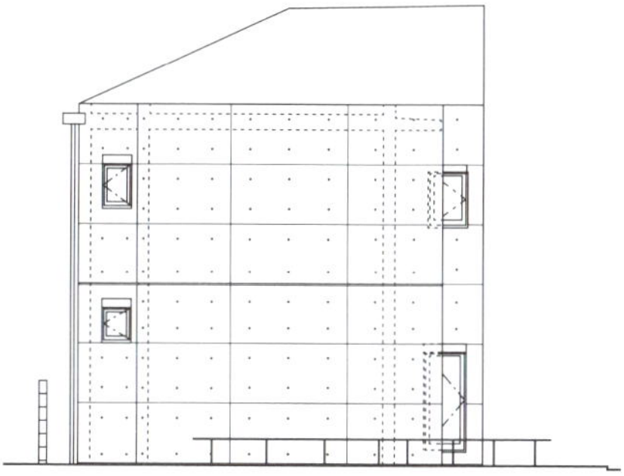

北側

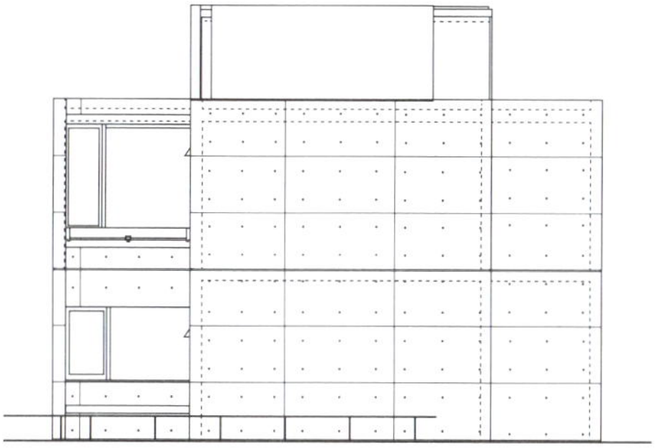

西側

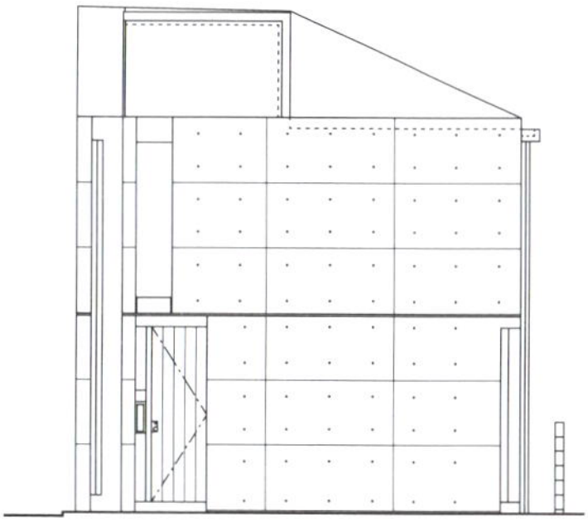

南側

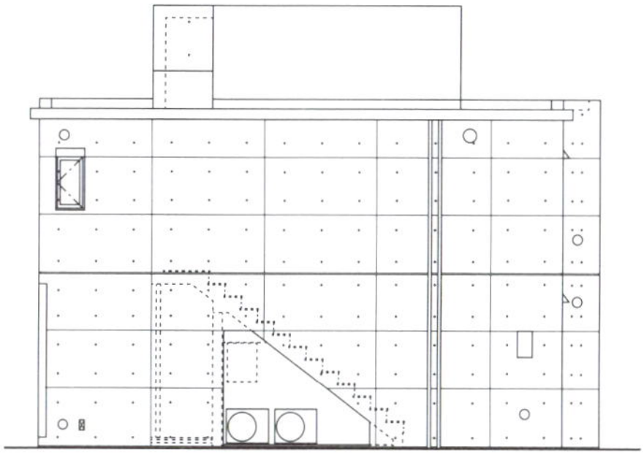

東側

立面図

The house. 10

# 古都にて自由奔放に暮らす

設計者 豊田悟「京都のアトリエ兼自邸」

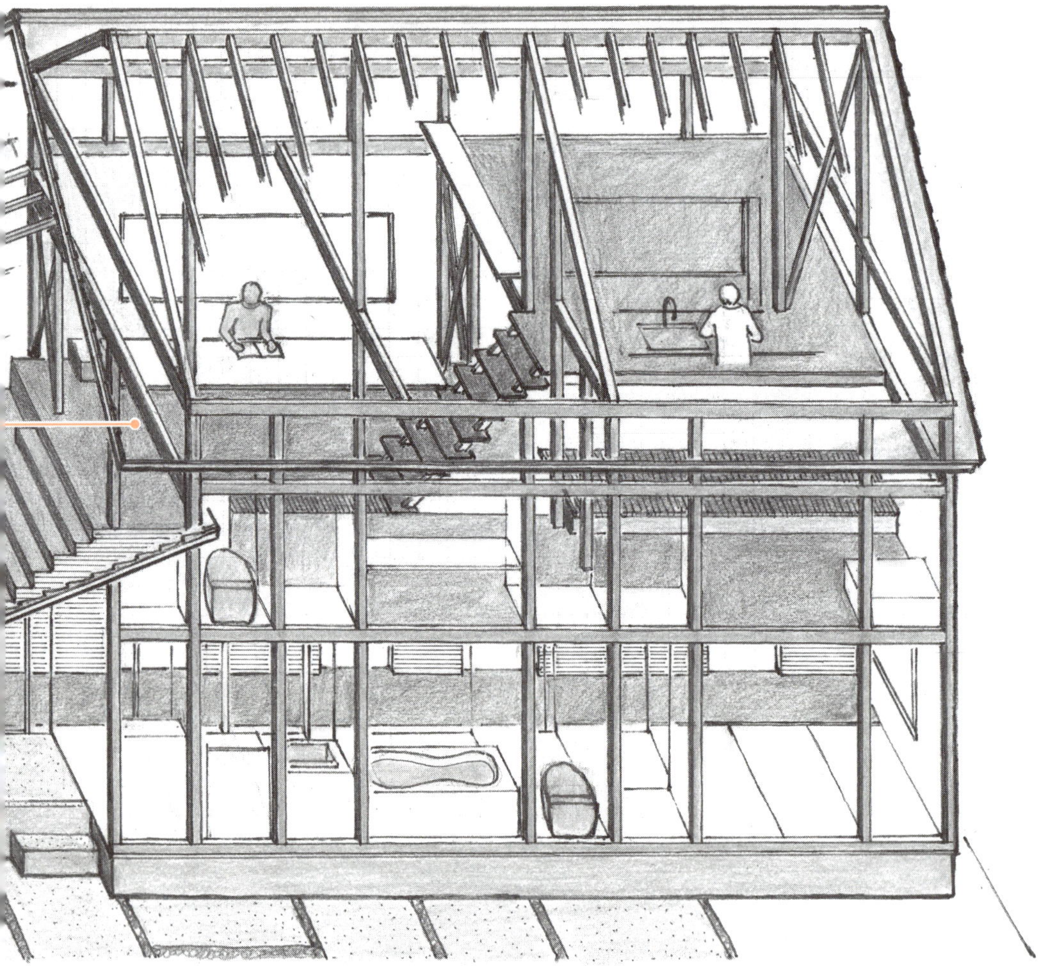

## 秘めた想いを解き放つ住まい

豊田悟さんの人となりを問われれば、誰もが「穏やかな紳士」だと答えるだろう。私も同じだ。が、そんな一言ではくくれない想いを前々から氏に対して抱いていた。

大学4年生と大学院生の時期に、早稲田大学建築学科で豊田さんは、無頼漢がたむろする吉阪隆正研究室に在籍していた。卒業後はゼネコンの設計部に勤めたものの、脂が乗ってきた頃に退社・独立。そして横浜を拠点に住宅作家として基盤を固めたかと思うと、今度は住まいを横浜から滋賀へ、さらに京都へと移して夫人と二人で暮らしている。どうやら豊田さんは見かけによらず「自由奔放な魂」を宿しているらしい。

今回紹介する自邸を見た誰もが氏の作風の変貌ぶりに驚かされる。古都ならではの修景規制に従った正面は、周辺住宅地に素直になじんだおとなしい佇まいだが、一歩なかへ踏み込むと、露しの軸組が縦横無尽に飛び交う自由な空間に思わず息を呑んでしまう。この家の穏やかな外観と奔放な内部の対比こそ豊田悟そのものと言ってよい。今まさに、水を得た魚のように。

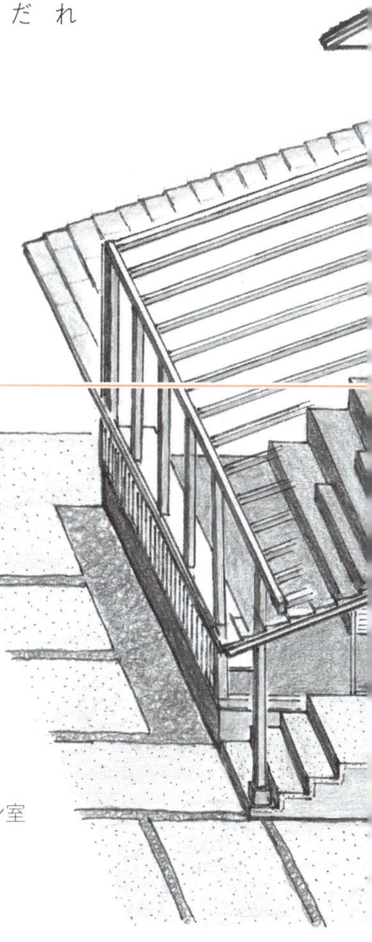

外観からは想像できない
ダイナミックな内部空間

**DATA**

設計：豊田空間デザイン室
敷地面積：127.8㎡
延床面積：106.02㎡
竣工：2014年

# 和のおとなしい佇まいのなかに 多彩なレベル差の大空間が

建築規模は木造2階建てとしながら、その内部に4つの床レベルを組み込んでいる。
綿密に計算され、ぎりぎりまで抑えられたレベル差が
吹抜けた大空間のなかで躍っている。

壁は藁スサ入り珪藻土鏝塗りで土壁風に仕上げた

瓦屋根はいかにもな一文字瓦ではなく、平板の瓦を見つけて現代的な意匠を実現した

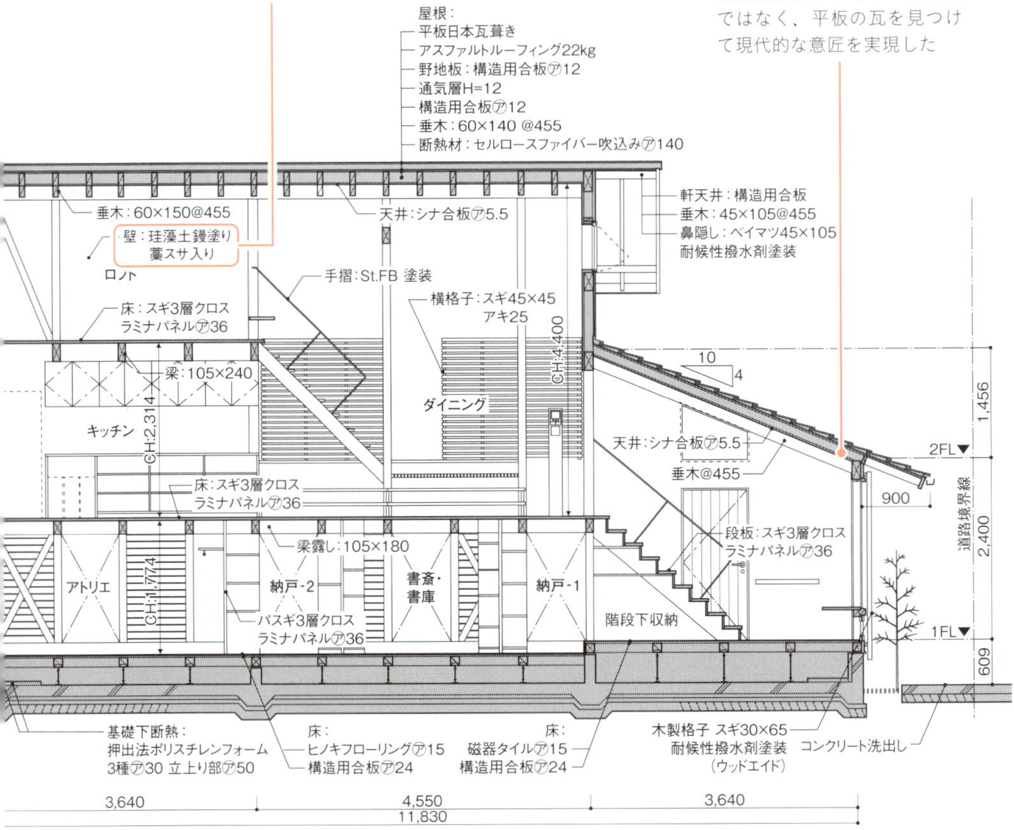


1階（北側）の階高は1,650㎜まで抑えられている。上階床にスギ3層パネルを使って水平剛性を確保し、梁露しの踏み天井とすることで実現した

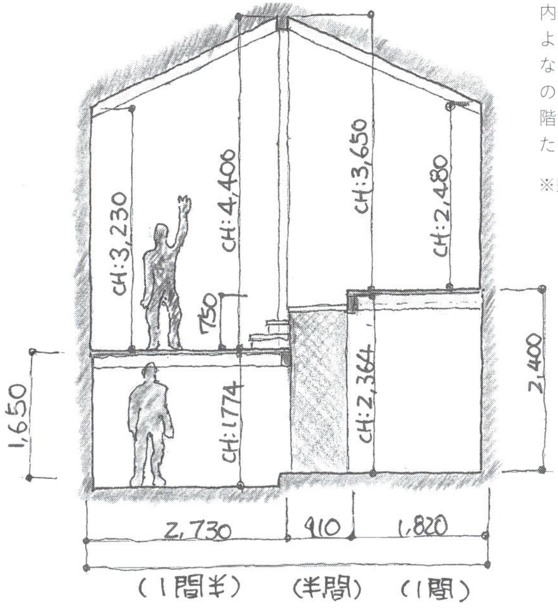


内部はスキップフロアにより絶妙なレベル設定がなされている。建物北側の1階は階高を抑え、上階の中2階は吹抜けにした開放的な空間だ

※豊田氏スケッチ

正面外観の夕景。古都の修景規制により、切妻屋根／軒の出600㎜以上／道路に向って下屋を設けること／窓の形状／などが細かく定められていた。豊田さんはそれらを、しかたなくではなく、さらに強調して意匠化した

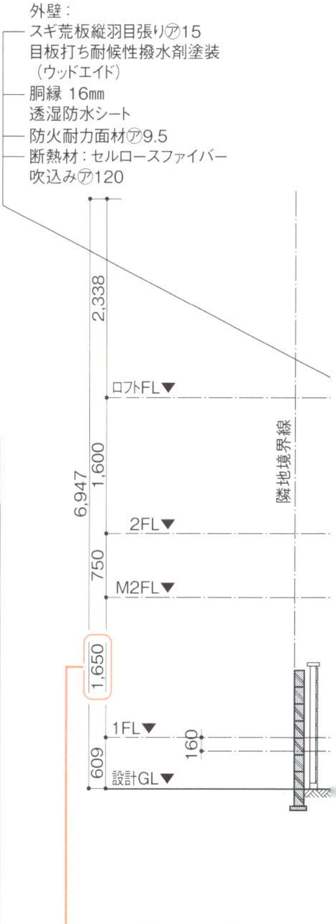


断面図［S=1:100］

# 内部を一望

玄関土間→大階段→長いテーブルのダイニング→I型のキッチンが、
この家の奥行きを貫き、一挙に最上階のフロアまで一望できる。

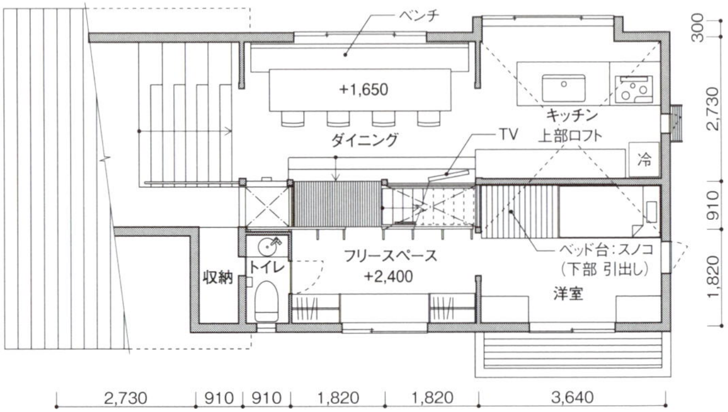


2階

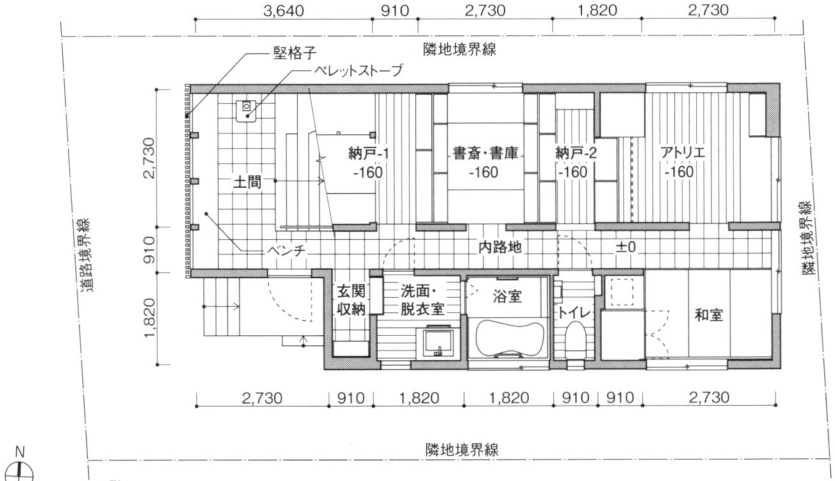


1階

平面図［S=1:150］

内路地の上にはスノコのブリッジが架けられている。横格子の間仕切は奥のフリースペースの目隠しと通風・採光を兼ねている

※豊田氏スケッチ

ロフト。手摺代わりのカウンターは、脚を下ろせば座卓のように使える。そこからの眺めもよく、夫人の一番のお気に入りの場所

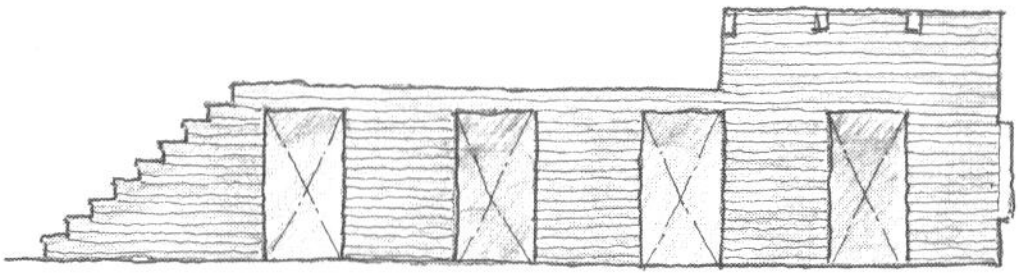

1階からロフトまで吹き抜けてステップアップする。下にはさまざまな魅力的な小空間が潜んでいる。夫婦2人から一族8人まで収容可能

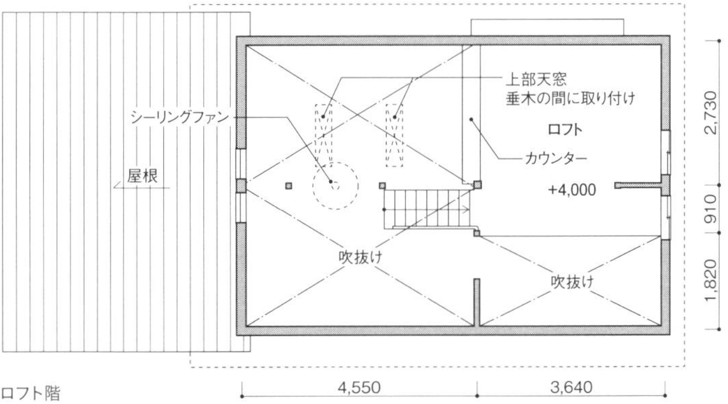


ロフト階

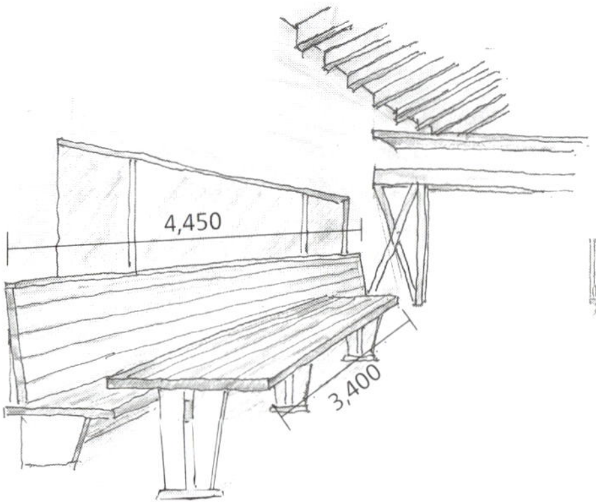


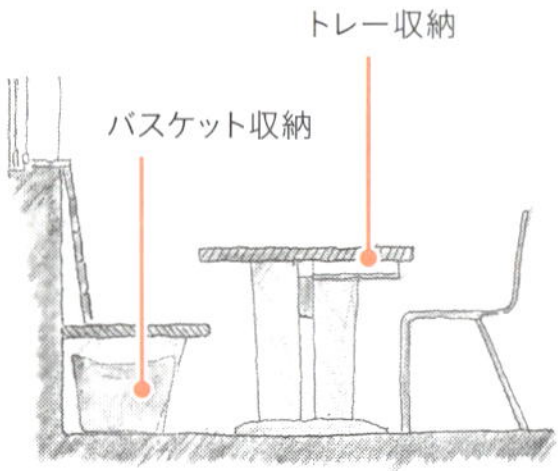


奥行きの深い敷地に合わせて、ダイニングテーブルの延長上にアイランド型キッチンを造作した。ダイニングとキッチンは直線でつながっていて移動がスムーズだ。北面の開口部からは安定した自然光が入ってくる

ペレットストーブの暖気が大階段に沿って上昇していき、中2階のダイニングはほどよい暖かさとなる

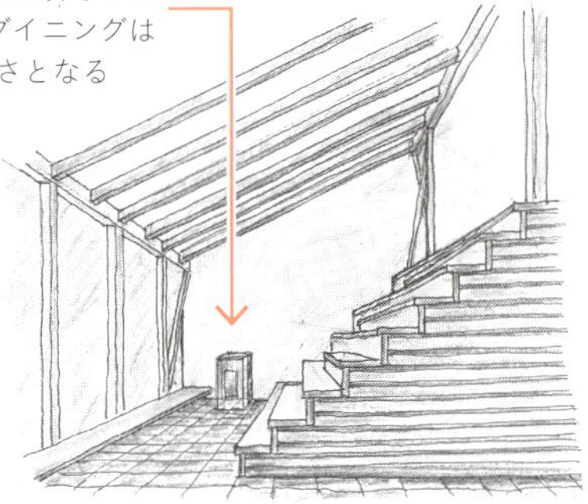

土間から中2階へとつながる大階段は9段、高さ1,650㎜

約2.5畳の小さな書斎。写真奥のデスクはスギ3層クロスパネルで製作

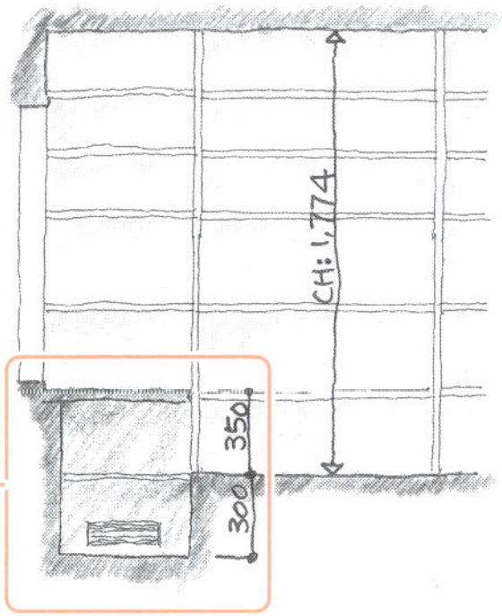


掘り込んだ足元は床暖房と床下エアコンの温風により暖かい

右：南北のスペースを分ける内路地。廊下は短いほうがいいと言われることもあるが、建物を潔く縦断するこの内路地と個室は、列車のコンパートメント席のようだ／左：幅2,700㎜の大階段。壁側は段板下を本棚にして階段に座って読書をしたり、骨董品や絵画を置いたりしてギャラリーとして使うこともできる

開放的な2階に対し、1階は書斎やアトリエなどのコンパクトな部屋を並べ、籠もり感を強めている

壁厚を利用した本棚。棚板の一部は奥行きを出して手摺兼用にしている

The house. 11

# 生まれ…
# 生まれ変わった家の物語

設計者 浜口ミホ「丘の上の2つの家」

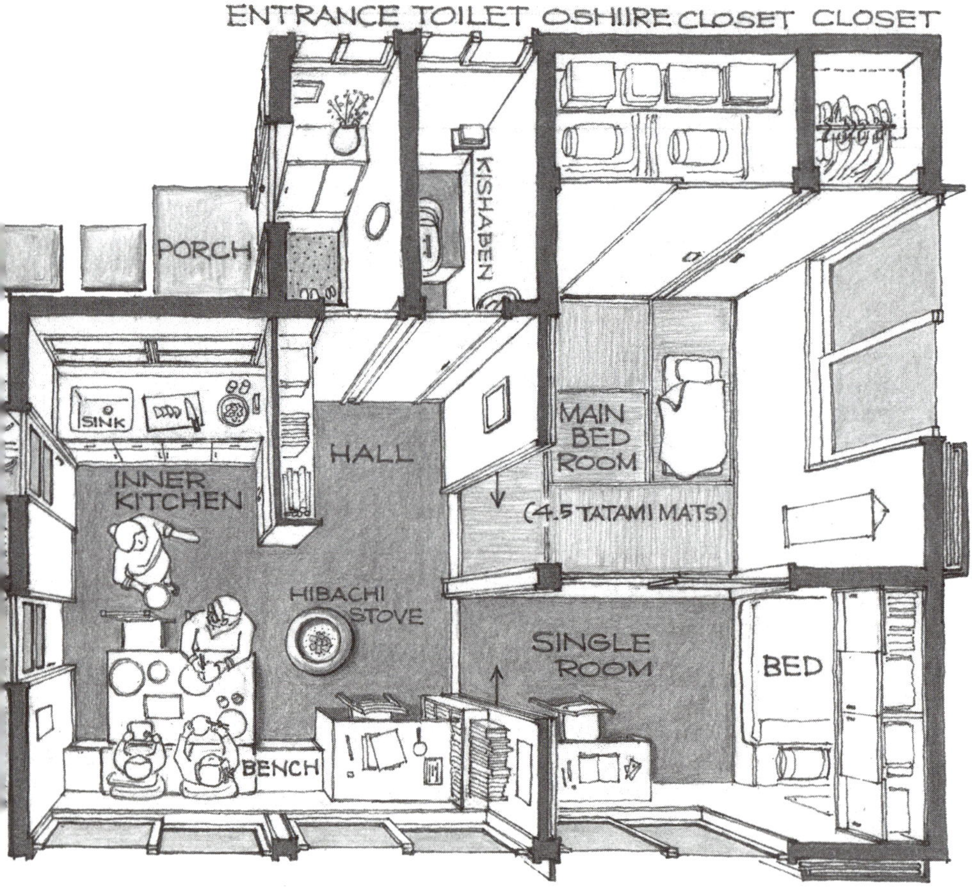

## 住宅の新しいカタチを試みた！

私の父が機械工学科の学生だったとき、図学の講師が後に建築評論家になる浜口隆一氏だった。太平洋戦争の末期、学生たちは学徒動員され豊川海軍工廠へ。隆一先生はその学生寮の舎監を務めていた。先生と父は消灯時間中の真暗闇のなかで毎晩芸術談義を交わす仲に。戦局がいよいよあやしくなって、国内は混乱。二人も別れ別れに。

終戦の数年後、横浜郊外の分譲住宅地を購入した父は自宅の設計を頼むべく隆一氏の所在を探し当てて訪ねたところ、氏はひとこと「住宅はカミサンの役目だよ」。

夫人の浜口ミホ先生は、ちょうど新しい住宅のカタチを模策中で、いくつかアイディアを温めていた。父の依頼に思わず膝をのり出して、「やりましょ！」と快諾。

とはいえ、その分譲住宅地とは、境界杭と電柱が並んでいるだけで、水道もガスもない荒涼とした野原だった。そこでミホ先生は母屋と風呂場を結ぶ下屋に手押しの井戸と薪のカマドを備えた12坪の木造平屋を考案。1951年春竣工。それが浜口ミホの処女作となった。その年の秋、そこで私は生まれた。

**DATA**

設計：浜口ミホ　敷地面積：230.47㎡
竣工：1951年　延床面積：39.66㎡
（1＋1.5＋9.5＝12坪）

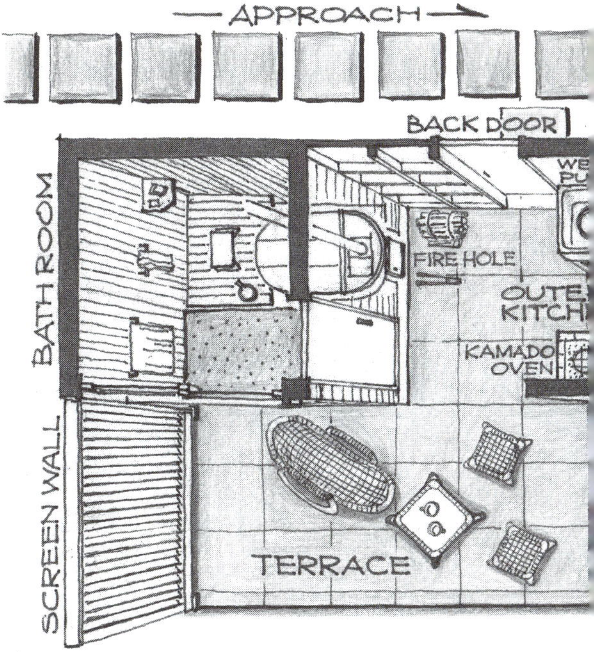


丘の上の小さな家にモダンリビングが芽生えていました

# 初めて建てた家にダイニング・キッチンの兆し

この家が建った1951年に公営住宅標準設計〔51C型〕が計画され、
それが後に日本住宅公団の〔55-4M-2DK〕のダイニング・キッチンとして実現した。

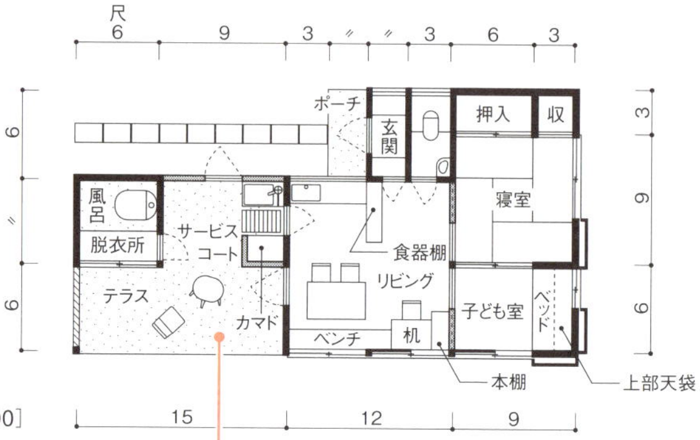


平面図［S=1:200］

1坪の浴室と9.5坪の母屋を結ぶ半屋外の下屋に、手押しの井戸とカマドがある

上：水（井戸）と火（カマド）は半屋外にあったが、料理は室内に設けられた流し台で行う。「ダイニング・キッチン」にはまだ成り損ねている。ミホ先生は当時はこれを「リビング・キッチン」と称していた／下：食事はテーブルと椅子と窓際のベンチで。近所の住宅では畳にちゃぶ台だったころに、ちょっとおしゃれだった。寝食分離のダイニングである。ミホ先生は竣工したこの家に、日本住宅公団を牽引することになる先輩建築家の市浦健氏を招き、ダイニング・キッチンの可能性を熱く語った

テラスで庭仕事の休憩をとる父母と姉（1951年春）。外壁はスギ板南京下見張り（OS）、屋根はセメント瓦。内部床はPタイル、壁はラワン合板（OS）。文字どおりのローコストだった

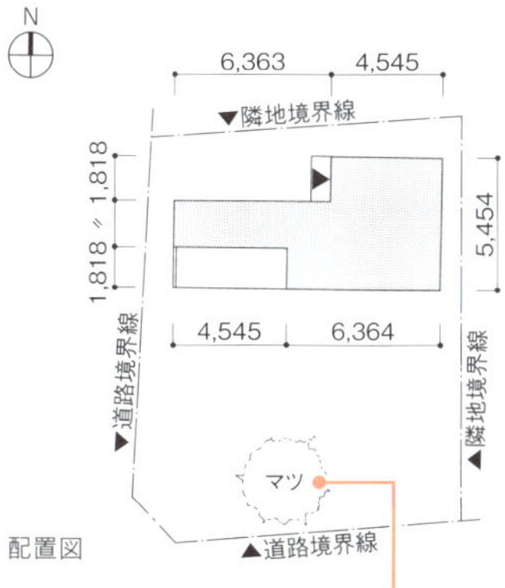


配置図

急な南斜面を登った上にあった松林を住宅地として造成。父の希望で我が家の1本だけ松が残った

『MODERN LIVING』1951年創刊号に「計画案」として紹介されたイラスト

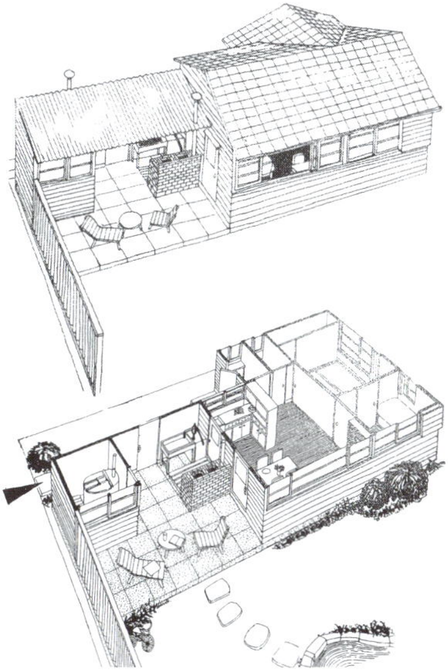

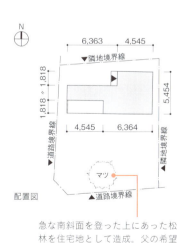

# 住まい方が3回変わった新しい家

コの字形の壁4枚で囲んだRC壁構造の本体に、
S造の玄関・階段スペースを添わせただけの単純な構成がリフォームを容易にした。

## 建て替えて、RC壁構造を試みた

家にはその後、上下水と都市ガスが整備され、姉と私の成長に合わせて増築を重ねたが、雨漏りがひどくなったため、父は建替えを決意。勝手に手を入れてしまっていたので恐る恐るミホ先生を再訪したところ「やりましょ!」と快諾。同じ施主から住宅を再度頼まれるのは名誉なことであると!?

仮住まい費用を惜しんで既存の木造を半分だけ解体。空いた敷地にRC2階建てをつくることに。残る半分に詰め込んだ家財の山のなかで家族4人は半年を耐えた。姉は花嫁衣装を着て工事現場から嫁いでゆき、私は騒音のなか受験勉強。おかげで翌春の受験に失敗した私は志望を物理から建築に変更。建築学科で学んだ後に吉村順三設計事務所に入所すると、まもなく父が転勤。両親が出て行った一軒家に一人住まいしているところへ、吉村事務所の同僚で先輩の中村好文さんが、浜口ミホの設計を見たいと来訪。庭と室内をざっと見廻していきなり「2階が空いてるね、貸してよ」。2階を中村兄が、1階を私が改造。

まだ若かったデザイナーたちのシェアハウスへと変身したのでした。

造成しただけの分譲住宅地。
敷地の角にコイノボリ

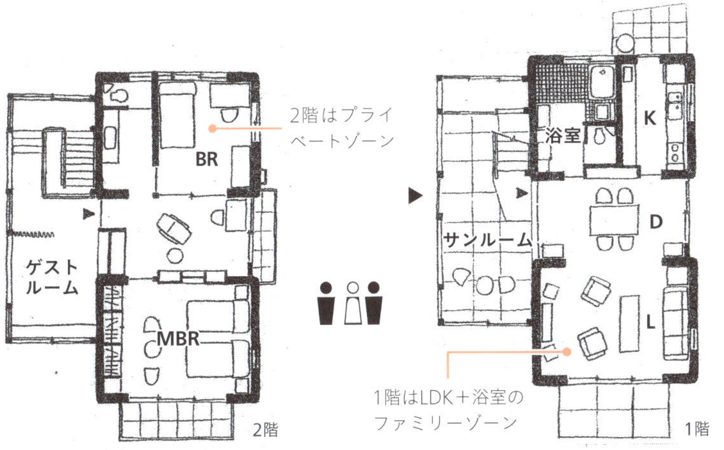


**1969-1979**

**建て替えた当初は私と両親の3人住まい**

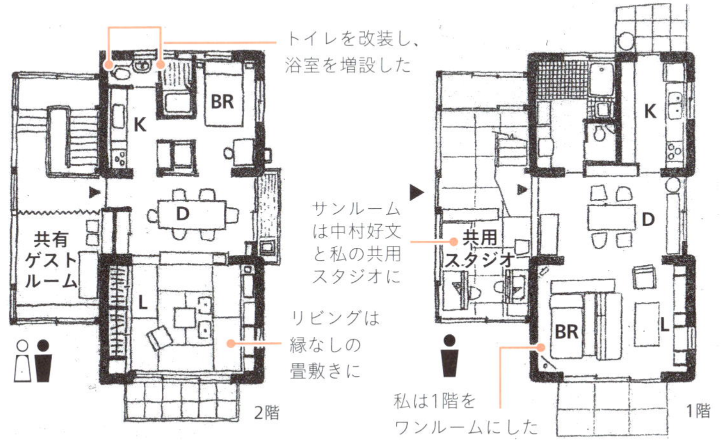


**1979-1982**

**2階に中村夫妻が同居することに**

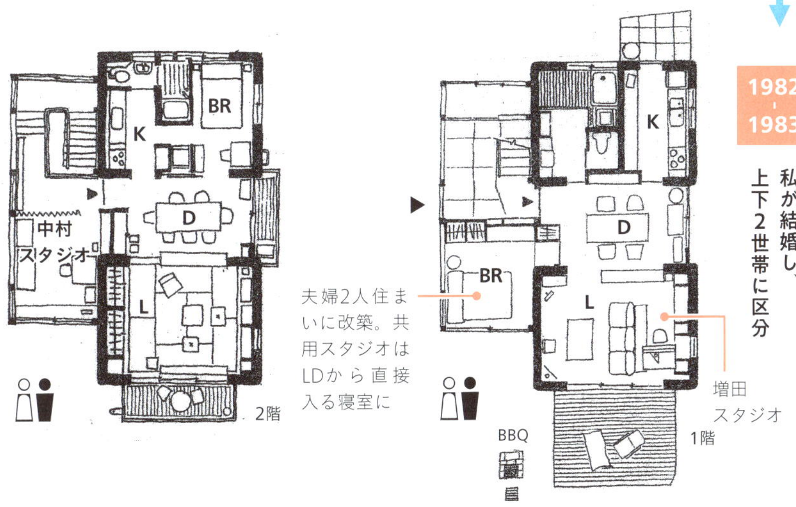


**1982-1983**

**私が結婚し、上下2世帯に区分**

竣工：1969年、敷地面積：230.47㎡、延床面積：115.94㎡

1階：増田奏画　2階：中村好文画

RC壁構造＋S造の総2階建て

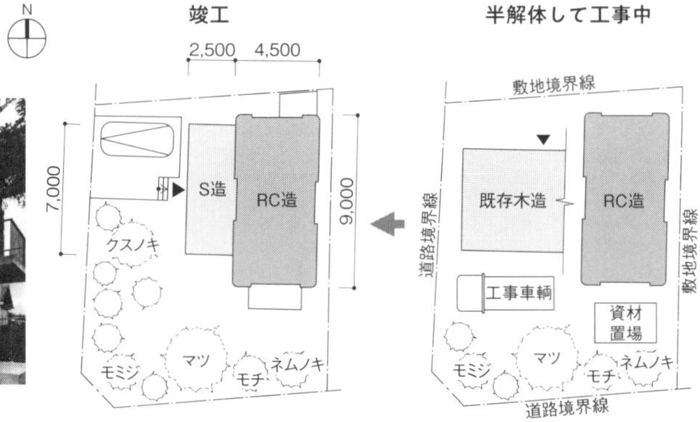


配置図

## 1階 増田 奏の住まい

上:リビング越しに庭を見る。ウッドデッキは中村さんと私の2人で日曜大工した／下:リビングからダイニングを見る。左奥に浴室、右奥にキッチン。友人どうしで住んでいたので、二世帯住宅というより一軒の家をシェアしていたのだけれど、もっとも当時はまだシェアハウスという言葉はありませんでした

## 2階 中村好文の住まい

右：リビングの床は当時まだ珍しかった縁なしの畳。座卓の脚はキャスター。バルコニーでは朝食や、夕暮れどきのお酒を楽しんだ／左：クロゼットと冷蔵庫と配膳台をまとめた造作家具は、寝室・キッチン・ダイニングを回る動線のコアだ

ダイニングとリビングは収納家具のカウンターで緩やかに仕切っている

The house. 12

# 光は舞い…気配は漂う

設計者 野出木貴夫

## 「3層を吹き抜ける光庭のある家」

### 無意識の底に光庭があるのです

1973年2月。私の建築学科2年目の学年末、製図室には提出された卒業設計が並べられていた。下馬票が高い数点に群がる人だかりを避けて、端から順に見ていくと…オヤッ？　という作品を目にし、野出木貴夫「樹住体」という表紙をめくった私の目は釘づけになった。それはテラスハウスの計画だった。樹々と一体化した住居が森のなかで息づいているようだし、彩色された各住戸の平・断面図からは、温かい家庭の笑い声が聞こえてくる。時代は高度成長期。上位に入賞した作品は環境破壊そのもののような大袈裟なものばかり。そんななかで設計のレベルが違うと感じた私は、大学院へ進んだ野出木さんを訪ね、それから2年間、設計課題や卒業論文を個人的に指導してもらった。学業生活での幸運な出会いでした。

氏は卒業後、ゼネコン設計部で国内外の住宅・集合住宅・ホテルを担当。人々のプライベートな時間と空間に、心を通わせ続ける。

そして、都心の公道の行き止まりの先、ドスンと落ちた敷地の底から空へ向けて、家族の時間と空間を建ち上げたのでした。

DATA

設計：野出木貴夫
敷地面積：78.53m²
延床面積：140.54m²
竣工：1993年

幅2.0m・奥行 5.6m（内法）、
渓谷から空を見上げている
かのよう

# 光は空から降ってくる

屋根に開けた天窓からはリビングへ、
半外部の吹抜けからは各階の各スペースへ十分な採光が。

上：建て込んだ住宅地からひょっこり頭を出して降り注ぐ陽光を流し込む／下：最上階がファミリーゾーン。下へ下へと続くプライベートゾーンに光も一緒に降りてくる

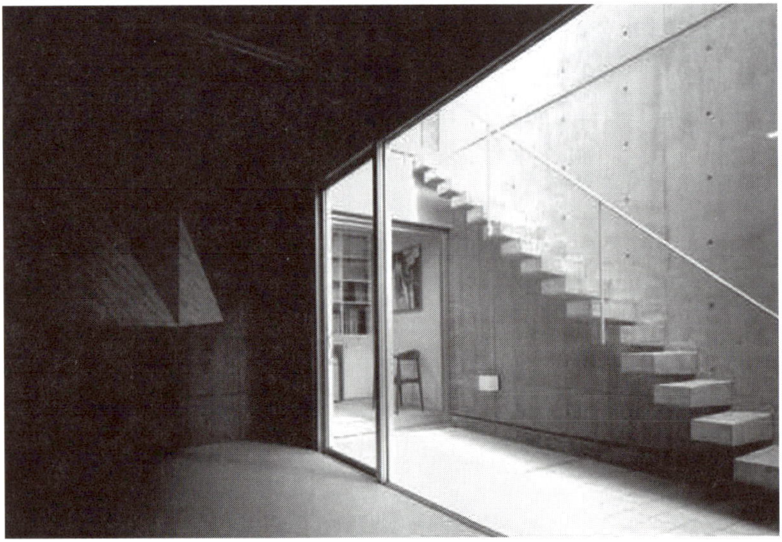

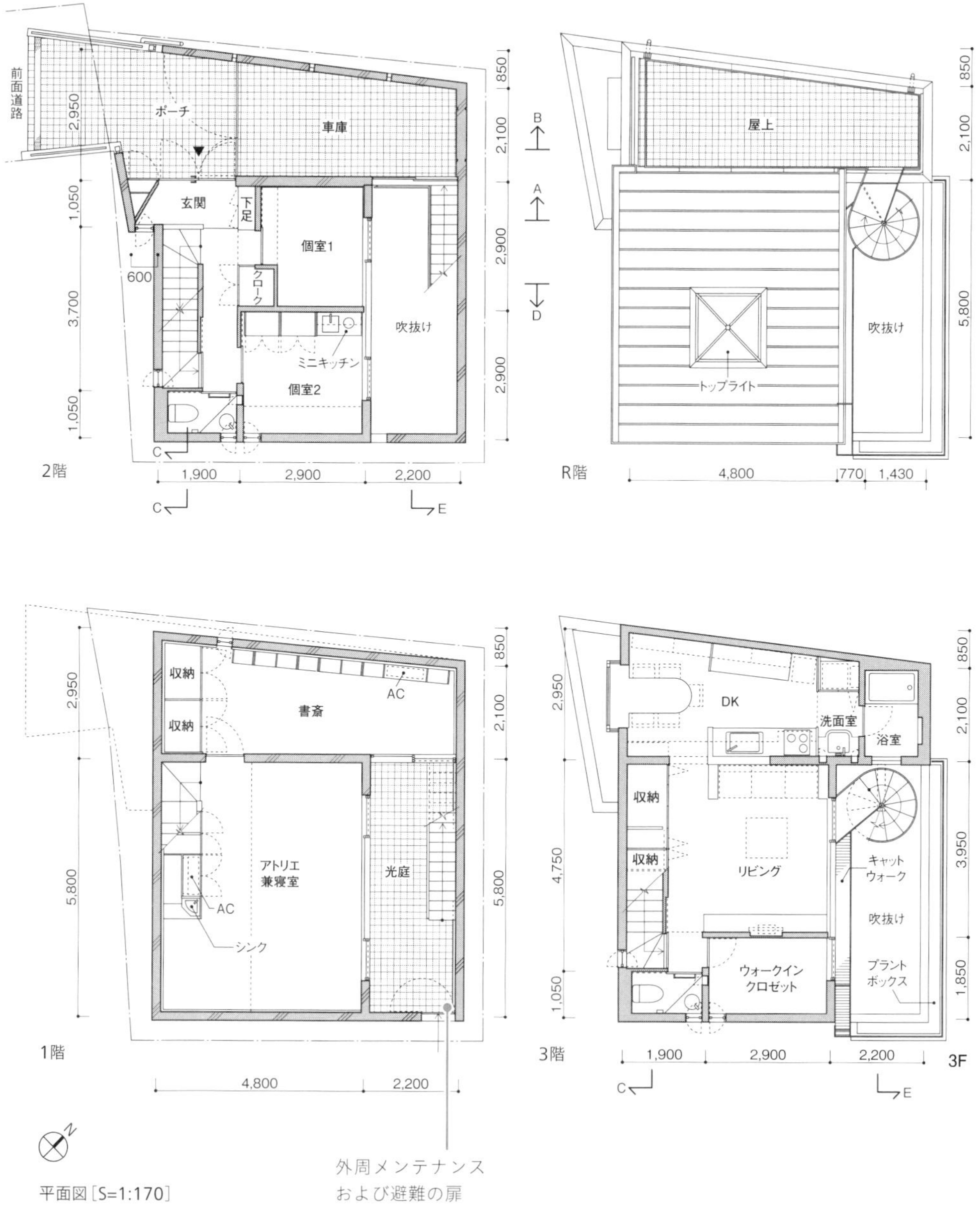
2階
前面道路
ポーチ
車庫
玄関
下足
個室1
クローク
ミニキッチン
個室2
吹抜け
600
2,950
1,050
3,700
1,050
850
2,100
2,900
2,900
1,900
2,900
2,200
R階
屋上
トップライト
吹抜け
4,800
770
1,430
850
2,100
5,800
1階
収納
収納
書斎
AC
アトリエ
兼寝室
AC
シンク
光庭
2,950
5,800
850
2,100
5,800
4,800
2,200
3階
DK
洗面室
浴室
収納
収納
リビング
キャット
ウォーク
吹抜け
ウォークイン
クロゼット
プラント
ボックス
2,950
4,750
1,050
850
2,100
3,950
1,850
1,900
2,900
2,200
3F
外周メンテナンス
および避難の扉

平面図[S=1:170]

# 両サイドの垂直な流れが、
# 重箱のなかの気持ちを回してゆく

2階レベルからアプローチする上下動線と反対側の吹抜けとに挟まれて、
居住スペースは単に各々の機能を担うだけでなく
相互に呼応して息づいている。内部からスタディされた住まいと言ってよい。

2階・3階は木造にして
建物を極力軽量化

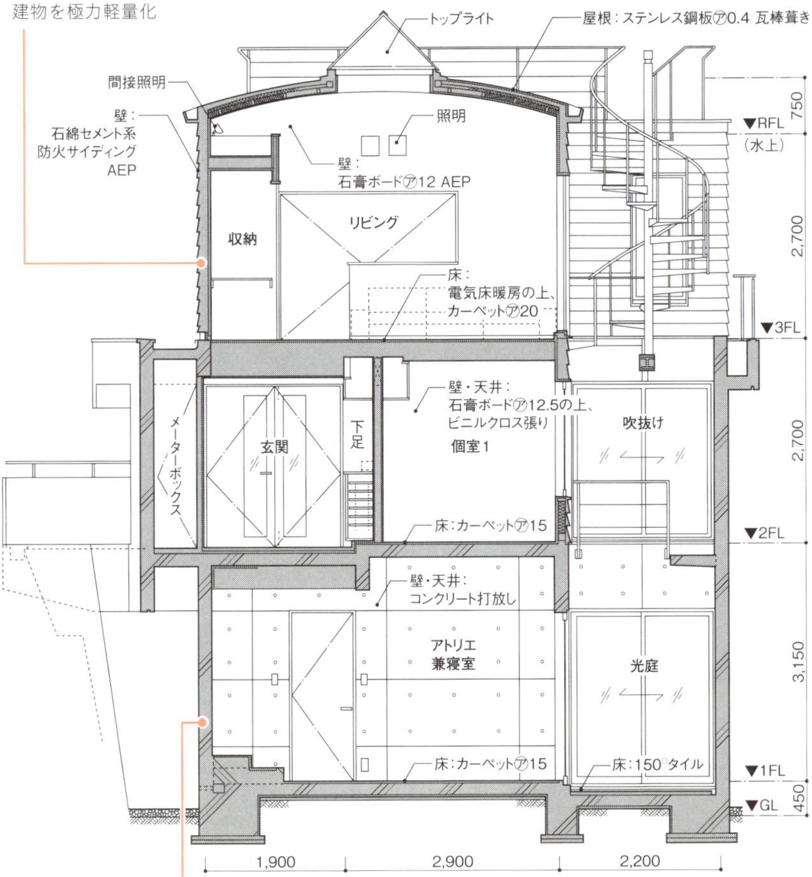


A断面図[S=1:100]

1階をRC造にすることで崖地に対処

ダイニングテーブルの出窓から前面道路を見る。家族が出かけてゆく、帰ってくる

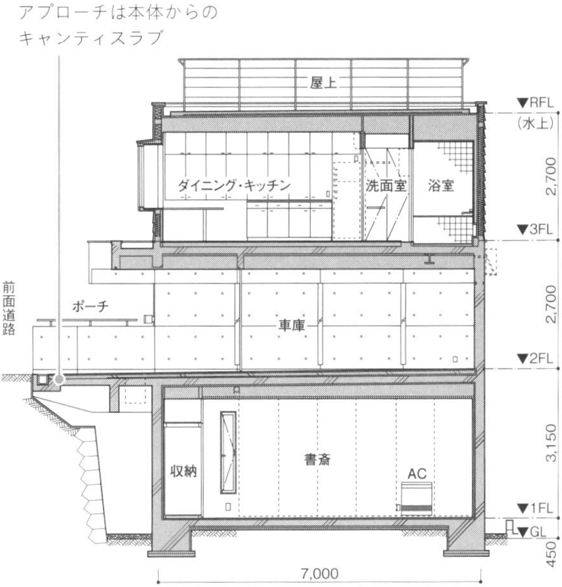


B断面図［S＝1:160］

前面道路の行き止まりからそのままアプローチ

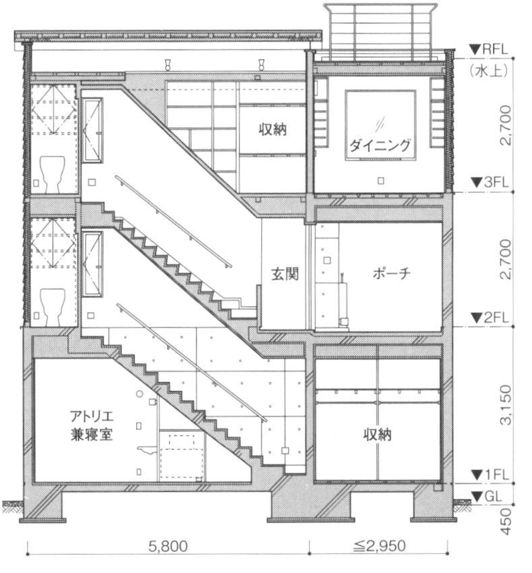


C断面図［S＝1:160］

DKとLの間仕切壁は鉤形《かぎがた》にくり
抜かれて絶妙な連続感だ

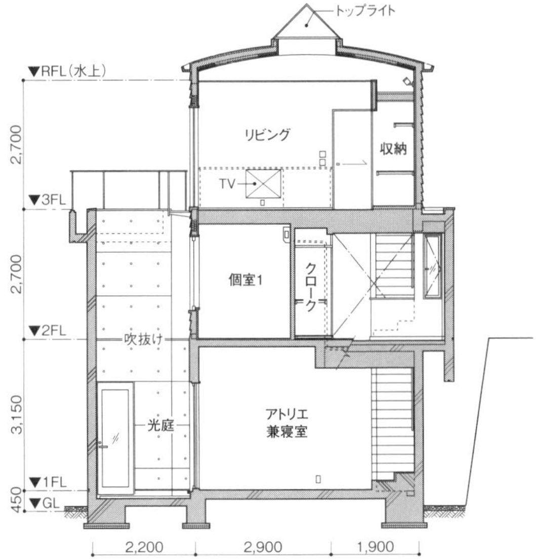


D断面図[S=1:160]

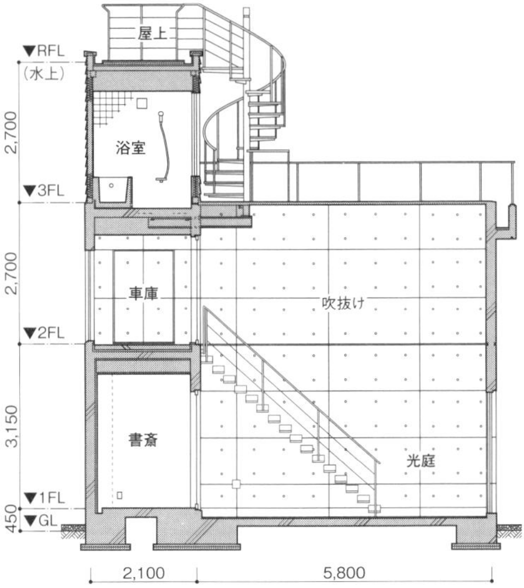


E断面図[S=1:160]

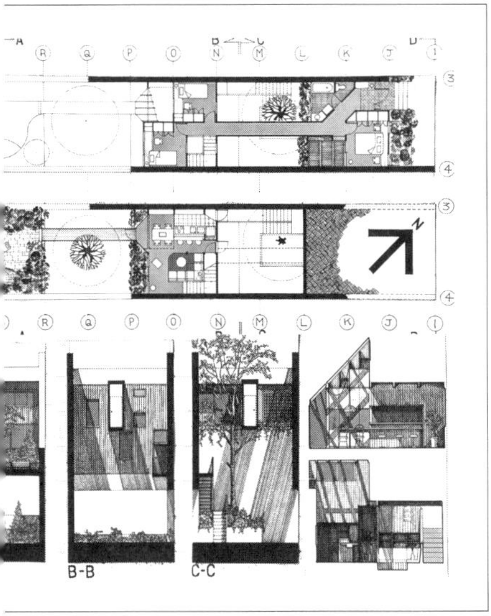


卒業設計「樹住体」より抜粋。
木洩れ日の光庭たち

3階のファミリーゾーンは
納得の気持ちよさ

左:屋上に続く螺旋階段。空中感がハンパない／右:リビングから吹抜けを見る。大きな掃出し窓から、吹抜けへ、屋上へと気持ちを誘われる

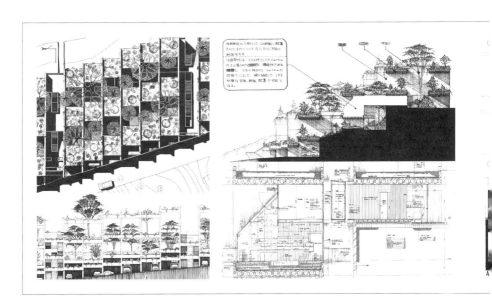

The house. 13

# ４間×４間を田の字に解いた週末住居

設計者 中村好文「葉山の家」

## 日々の暮らしから物語はつむがれる

中村さんの博識は尋常ではない。美術・工芸・文学・音楽・映画…。ゆえに建築を大上段から語る必要がない。喩え話のほうが含有量が多く、イメージも膨らむ。住宅設計にそんな「物語性」を取り込んだのが独創的だった。喩えはやがて先々で「日常」に置き換えられ、とりわけ細部に宿る。だが、そんな当意即妙の洒脱や諧謔《かいぎゃく》にただ感心しているだけなら、住宅と向き合う彼の真摯な姿勢を見逃すことになろう。

中村好文氏の住宅設計における手法は、いたってオーソドックスだ。屋根は切妻か片流れ。開口は目的を定めて、必要なだけを配置する。しかも、引戸が基本だ。間取りは公・共・私をわきまえ、玄関からただちに左右か上下にファミリーとプライベートそれぞれのゾーンへと分かれる。もちろん浴室は寝室に近い。そうした当たり前の規範が「日常」を支えている。一方で、別荘ではそれらを少し外すだけで、「非日常」が自然に生まれてくる。そんな設えの住宅たちを、自ら「普通の住宅、普通の別荘」と呼ぶのは、新奇を競うことへの静かな警鐘でもある…と推して知るべし。

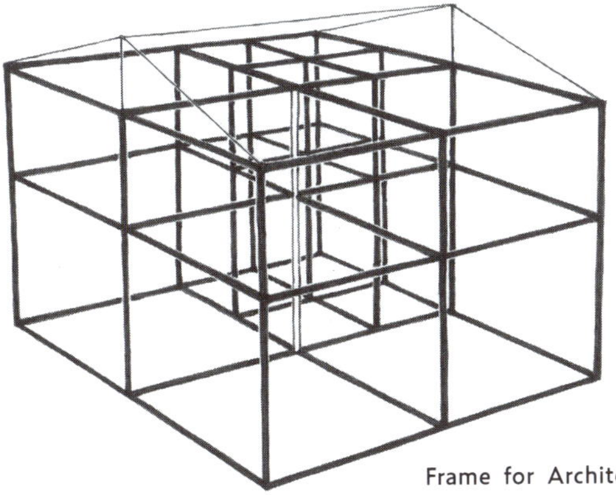

**DATA**

設計：レミングハウス
敷地面積：302.64m²
延床面積：100.24m²
竣工：2006年

Frame for Architecture
Architecture for Spaces
Spaces for Days

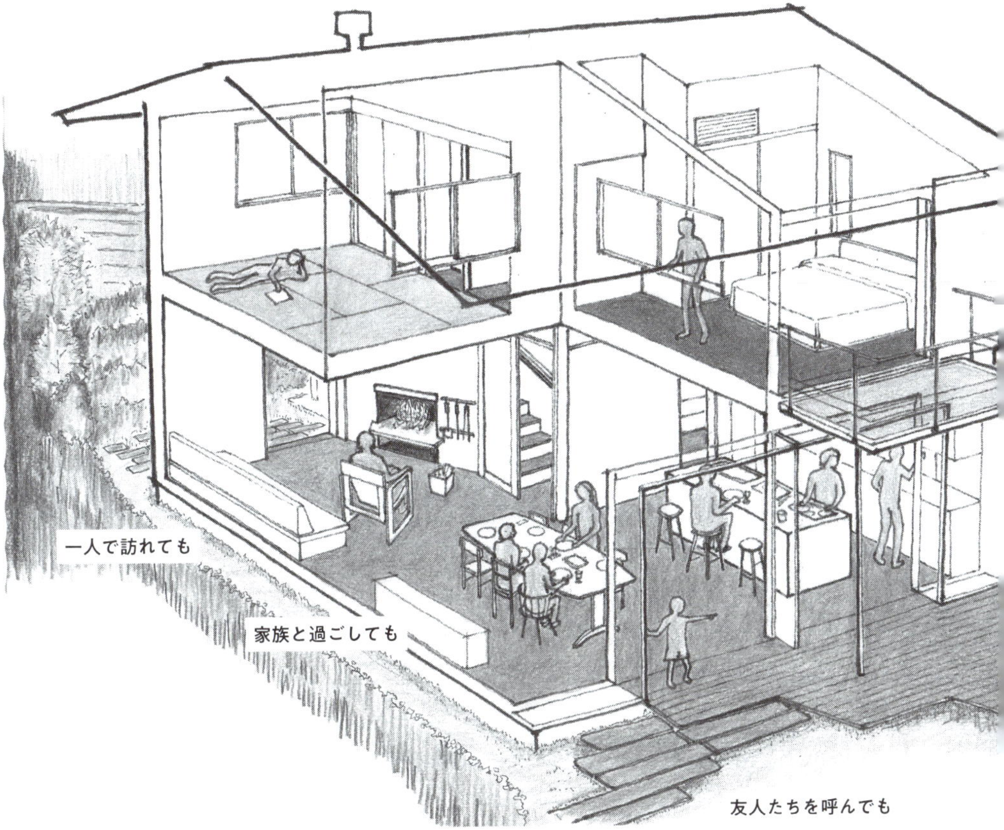
一人で訪れても
家族と過ごしても
友人たちを呼んでも

## 4間角のなかを過不足なく

上下階とも4分割した北東に階段と水廻りを集約し、
残る3×2層＝6区画に必要な機能を当て、それでも余る区画は吹抜けに。

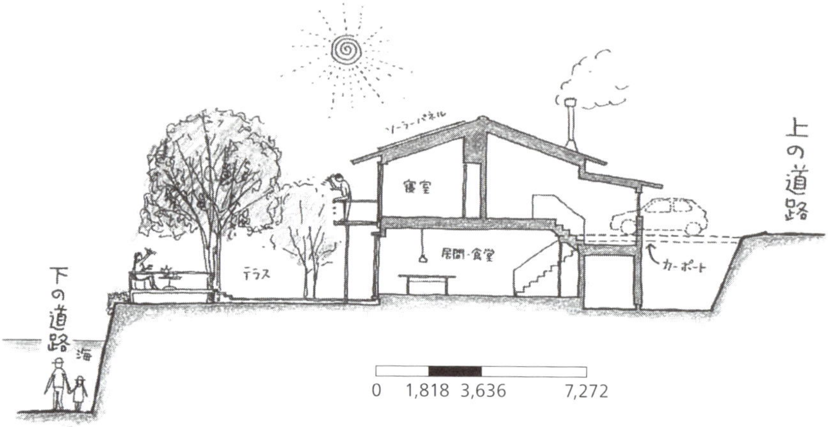


断面図　雛壇状の敷地がそのまま生かされ、道路レベルの玄関は階段の踊り場に

南側外観。1階の掃出し窓は中央の柱を無理せず残し、雨戸・網戸・ガラス戸すべてを左右の壁に引き込み全開する。L・D・Kすべてから南庭を眺められる　写真：雨宮秀也

単純に区画され、簡潔にゾーニングされながら、
平面と断面を廻る大きな1つの空間がそこにある

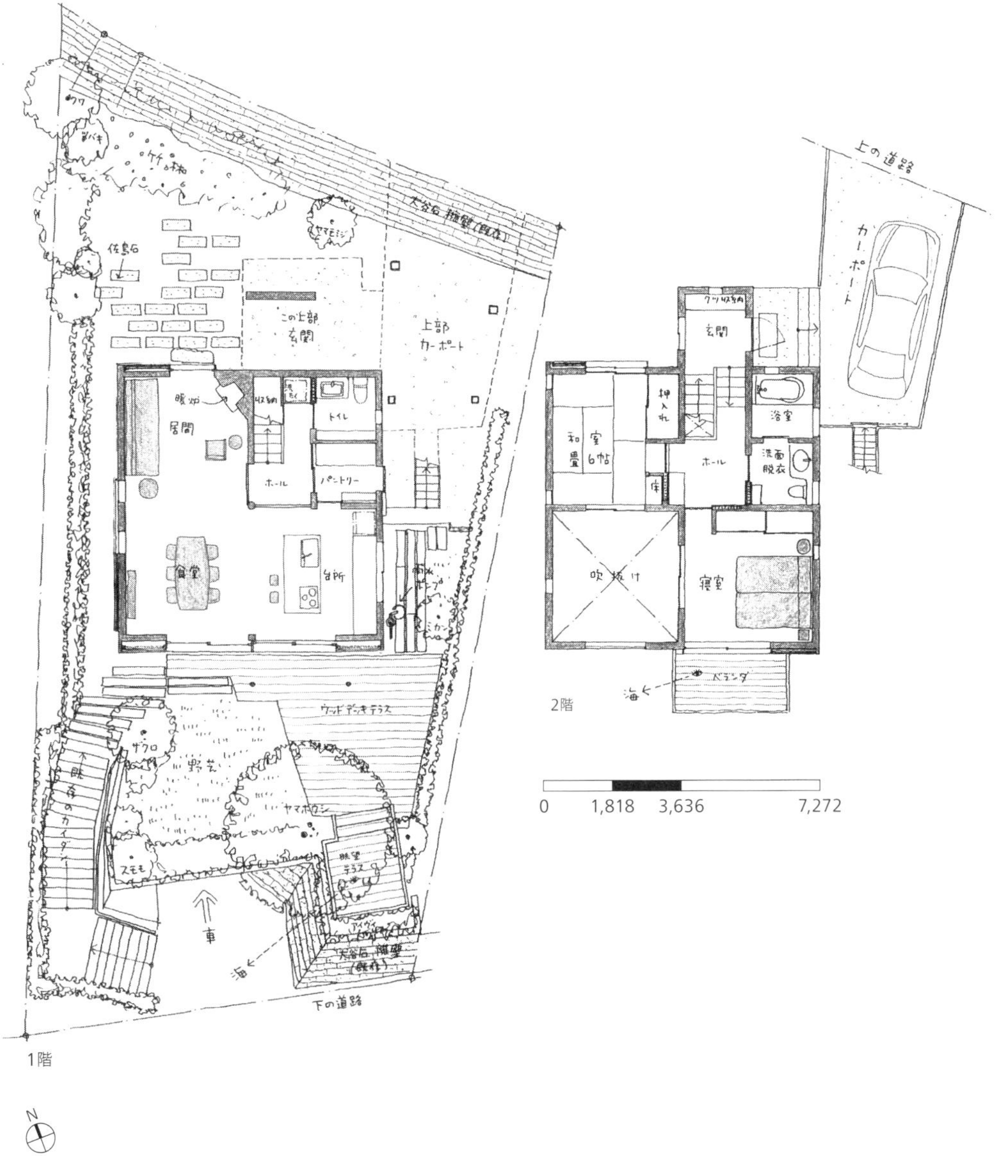


平面図

※中村氏直筆

## 平面計画から自然に断面が

無理がなく、無駄のない平面ゆえに、
そのまま立体化され、断面が立ち上がる。

南面

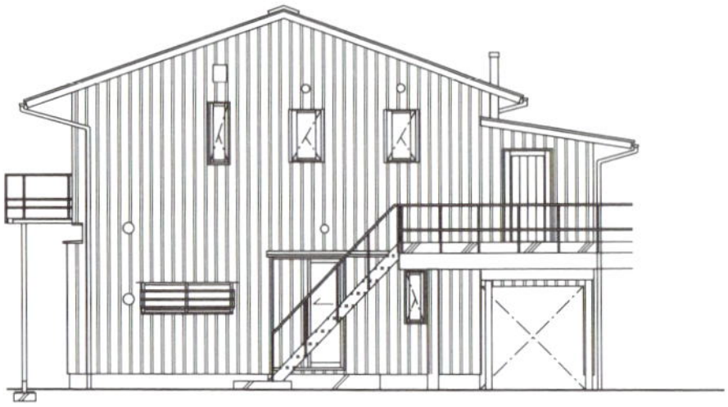

東面

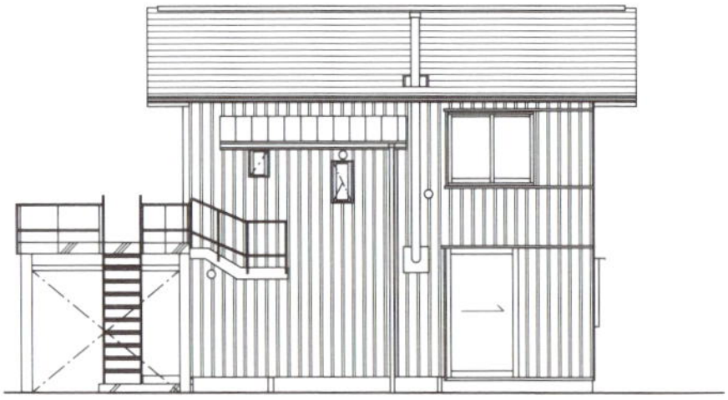

北面

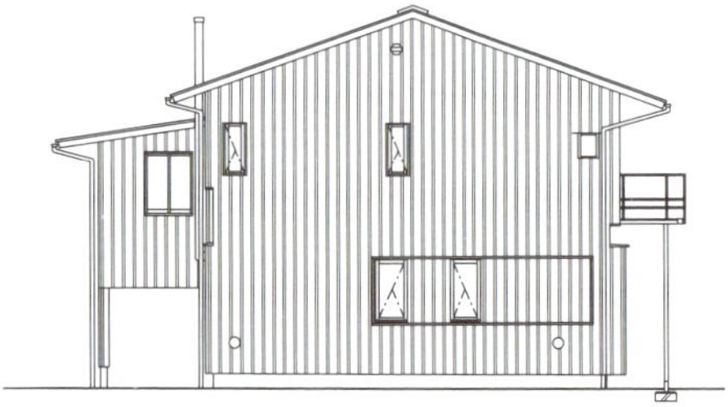

西面

立面図［S＝1:250］

右:階段踊場が玄関ホール。上ればプライベートゾーン、下ればファミリーゾーン／左:2階の勾配天井の下端高さは2FL＋2,000㎜。寝室のベランダからは海を望み、吹抜けの窓からはダイニングを見下ろす

2階の天井は屋根と同じ勾配。1階の天井は同一高さでフラットにし、一体感を生んでいる。梁は露していない。1本だけ露された中央の丸柱が平面の中心性をさりげなく表現している

玄関ホールの屋根は下屋にして本体とは区別している

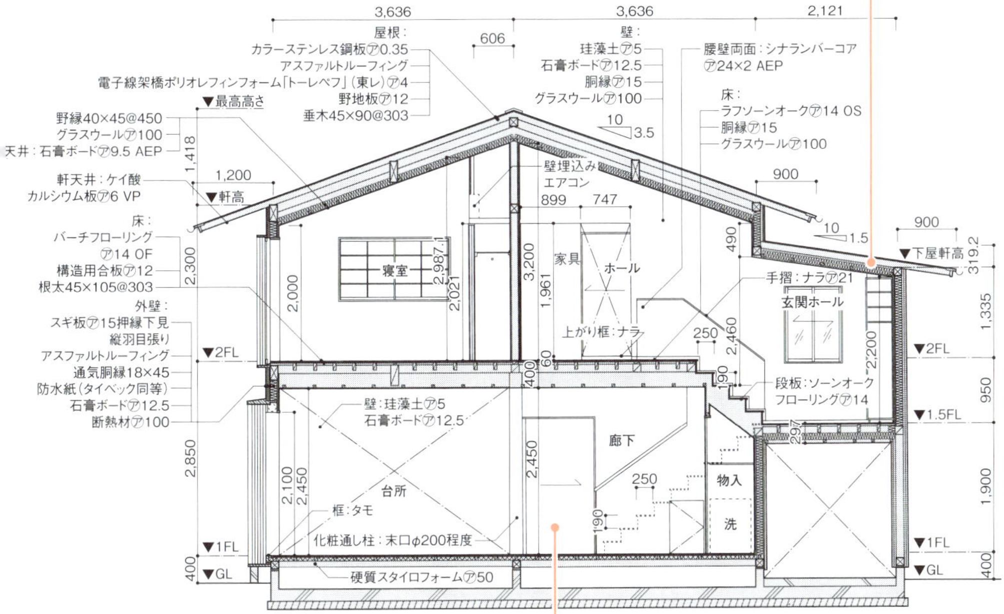


階段は
踏み面T＝250㎜、蹴上げR＝190㎜、
T＋R＝440㎜で上りやすい

断面図［S＝1：110］

# ARCHITECTUREs in 24'×24'

たかが4間角、されど4間角。
16坪のなかには、さまざまな意想が込められる。

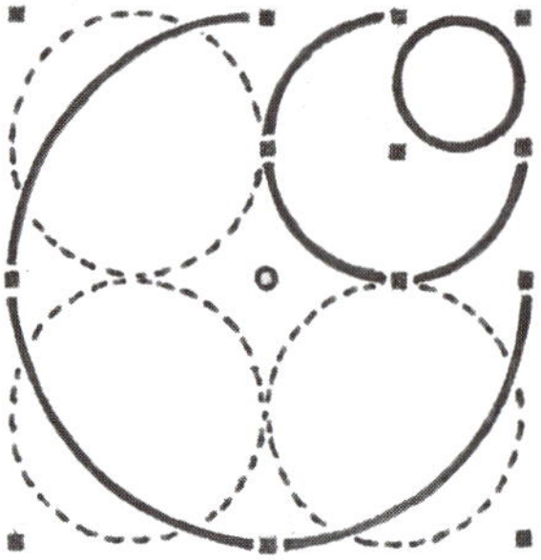

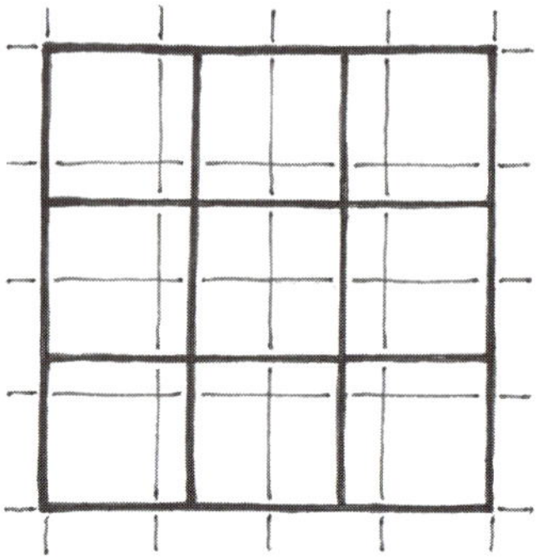

葉山の家

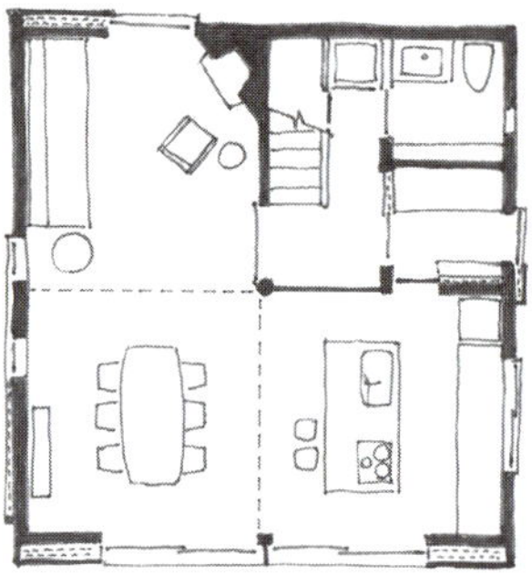

4間＝24尺は3等分できる。
6'×4＝24'＝8'×3。
吉村順三先生は山荘でこれを巧みに用いた。6と8の最大公約数は2。つまり2尺＝606㎜が吉村山荘のモデュールだ。リビングとダイニング・キッチンは分けられリビングは16'×16'の正方形

シーランチコンドミニアム

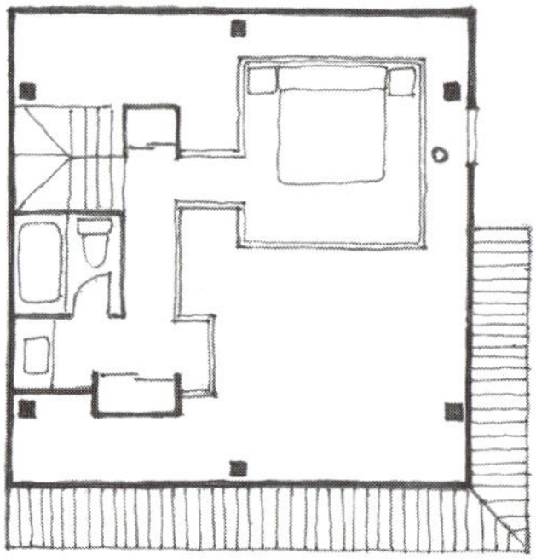

吉村山荘

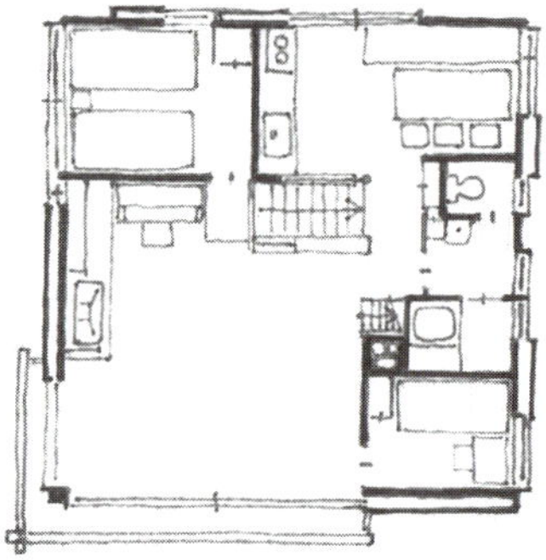

シーランチのユニットと
吉村山荘の相似は
偶然ではないと、
中村氏は言う

「この家を4間角で考えるにあたって吉村山荘を意識したのか?」を問うと「そりゃそうさ。やっぱりね」と中村さんは答えた。だが、ここでは、もう1つの割り算を用いている。4間→2間→1間と素直に順次2等分してゆき、すべてのスペースをこれに納めている

中村好文にとって、暖炉には特別な思い出がある。
「ナカムラくん、一緒に来ツくれ」。70歳を過ぎてから、吉村先生は山荘へは1人ではなく中村氏を伴って行くことが多かった。普段は寡黙な先生は暖炉の火を眺めながら、問わず語りに建築、住宅への想いを静かに話したのでした

上：暖炉のあるリビングコーナー。北側の掃出し窓は左へ引き込み、全開する／下：ダイニングを通して南庭を見る。ファミリーゾーンは土足。室内からウッドデッキへ庭へ、と足も気分も出てゆく

写真2点：雨宮秀也

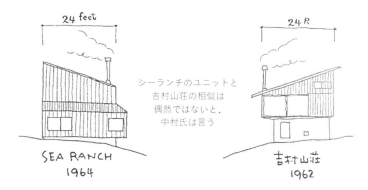

The house. 14

# 一族郎党が棲む砦は楽園

設計者 高梨純・高梨亮子「すぎなみツインハウス」

## ファミリーの明日へも想いを馳せて…

昭和の雰囲気が残る駅前商店街を抜けて閑静な住宅地を行くと、十字路の角が突然明るく開ける。そびえ立つイチョウを囲むように高低さまざまな樹々が陽に輝き、塀も門もなく、まるで小公園のような佇まい。ここは高梨ファミリーの「楽園」だ。奥で両手を広げて家族や訪問者を温かく迎えるのがファミリーの二世帯住宅である。

西翼に純さん家族、東翼に姉家族。

高梨純氏はここで生まれ育った。もともとご両親が共に建築士で、義兄は建設業を営んでいる。ここへ嫁いできた亮子夫人は、私とは建築学科で同期だった学友である。つまり、ファミリーは「建築一味」であり、ここは一族郎党の「砦」だと言ってよかろう。

砦の空間構成はまさにツインの左右対称。間取りは両家族の暮らしぶりを反映して微妙に異なるが、共通して1階・3階に個々の専用スペースが配され、2階は浴室を含むファミリーゾーンが陽光を採り込みながら南から北へ流れてゆく。この東西2拠点をまたいで3世代10人と愛犬・愛猫たちが日々昼夜往来するのです。

**DATA**

設計：ウィル設計室
敷地面積：345.9m²
延床面積：363.4m²
竣工年：1991年

サクランボ・ヤマモモ・プラム・ブルーベリー・スダチ・ザクロ・ギンナン…
楽園には季節が実る

# 東西両翼ともに3,185㎜=10.5尺の空間単位がスキップしてゆく

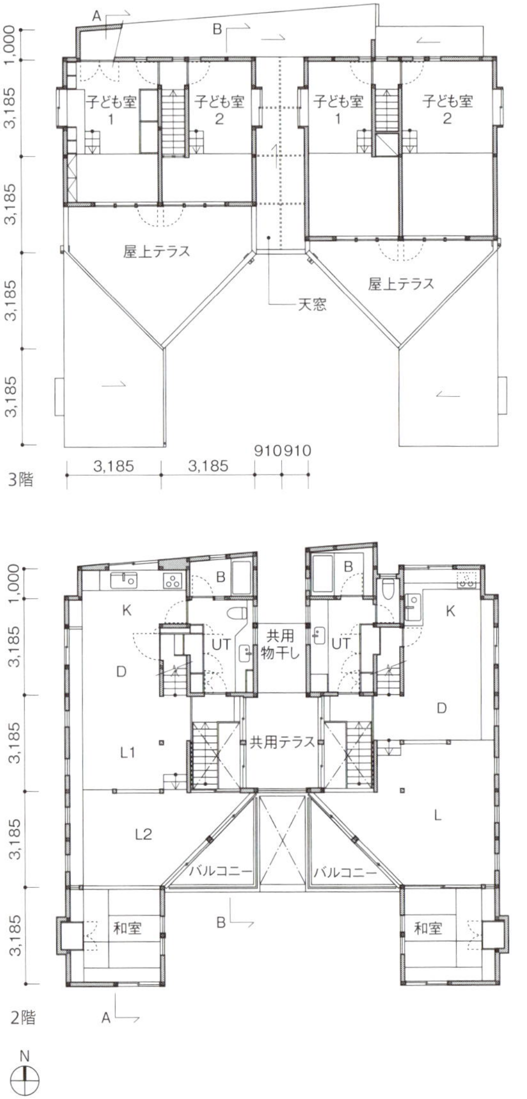


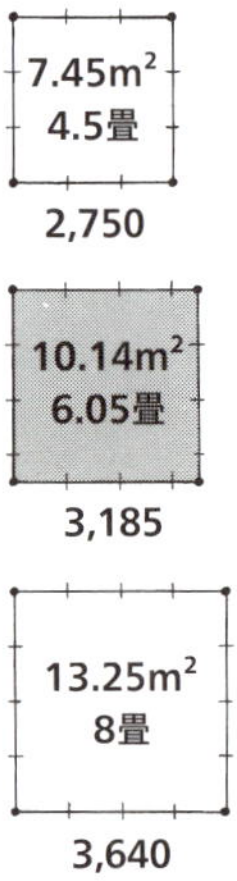


空間単位は
4畳半と8畳の間

平面図［S=1:250］

南側外観。真正面に
大イチョウがそびえる

南から北へスキップしながら下がっていく床面と、床面に少し遅れて下がっていく天井面。その間を陽光が流れてゆく

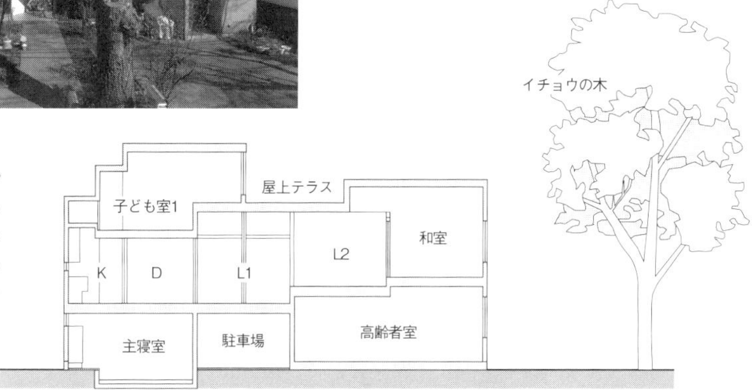


A断面図［S=1:250］

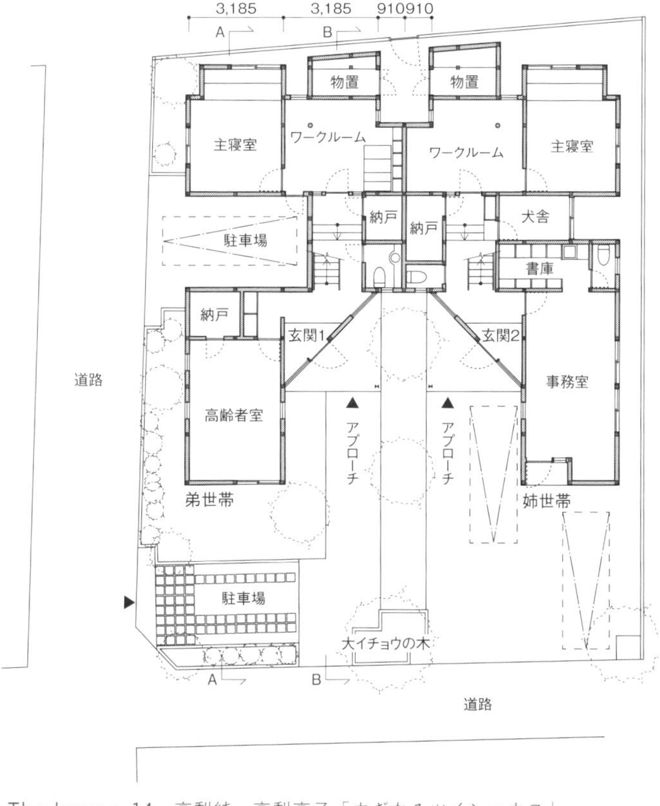


1階

## 南北方向いっぱいのファミリーゾーン

間仕切らず、長く連ねながら段々にスキップさせ
奥へ行くほど用途が特化されている。

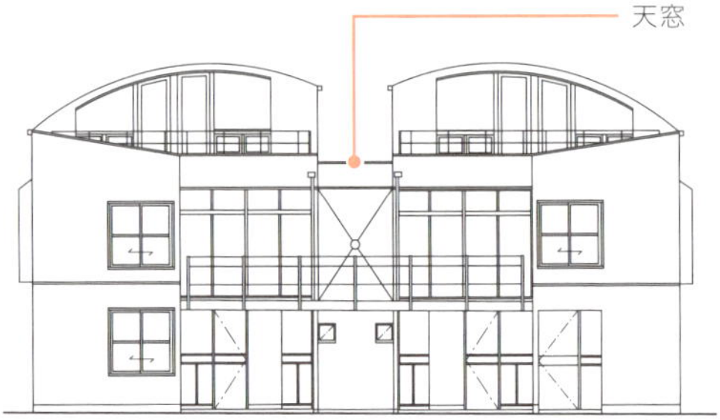


南面

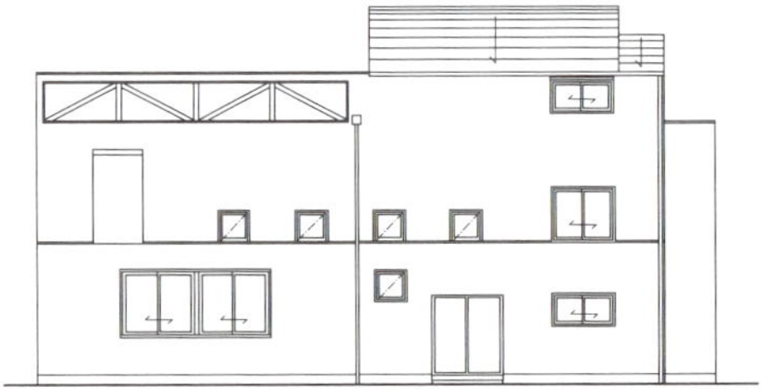

東面

立面図［S＝1：250］

南方向を見る

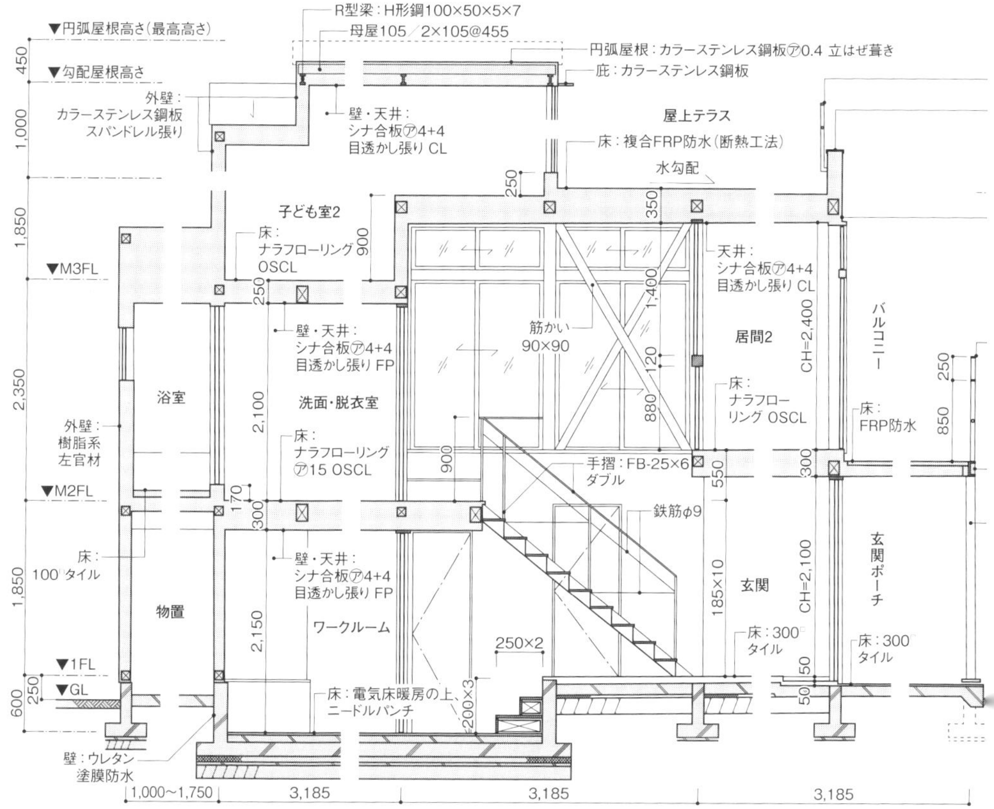


B断面図［S=1:80］

左右頁共通：西翼の2階。南から北へ、和室→リビング2→リビング1→ダイニング→キッチン。緩やかに区切りながら連なり、一望できるファミリーゾーン。西側のカウンターは約12mの長さを水平に伸びる。それが各床レベルに応じてさまざまに機能している

## メリハリのある階別ゾーニング

1階と3階に個別の部屋をコンパクトにまとめ、
大らかな2階で東西両翼が交わる。

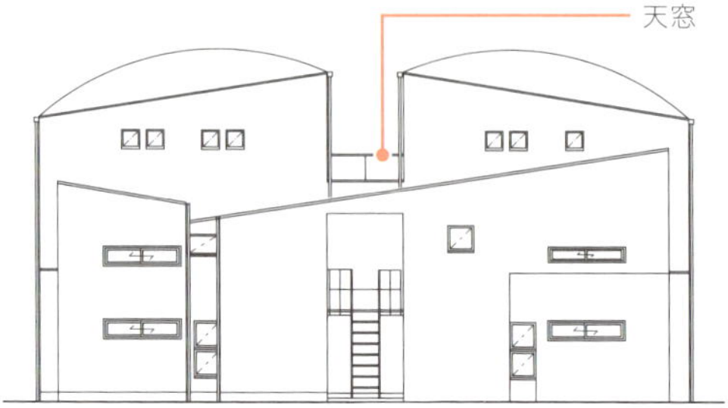


北面

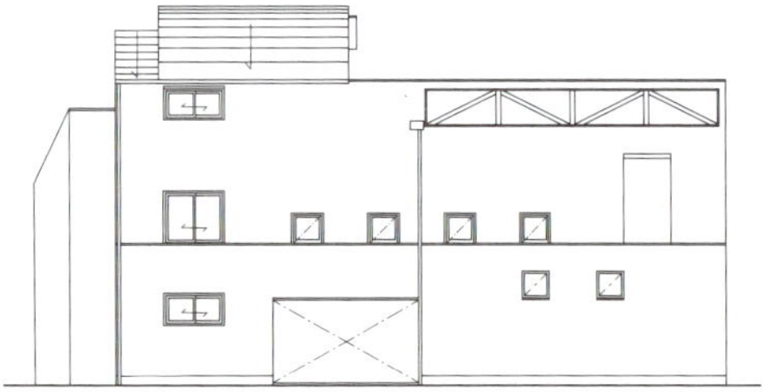

西面

立面図［S＝1:250］

「楽園」はまるで街角の小公園だ

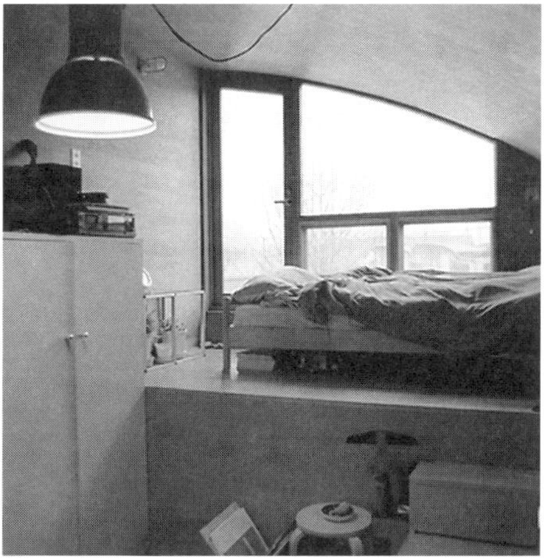

右上：西翼3階の子ども室2
左上：西翼の屋上テラス
左中：西翼3階の子ども室1
左下：西翼の1階奥のワークルームは半地下
右下：光あふれる玄関ホール。軽快な階段を半階上るとファミリーゾーン

The house. 15

# 都心に空いたオアシス

## 設計者 松田直則＋人・空間研究所「HOUSE M」

**DATA**

設計：松田直則＋人・空間研究所　建築面積：131.94㎡　竣工：1998年
敷地面積：220.08㎡　延床面積：416.61㎡

### 大陸的おおらかさが空へ抜ける

　斬新な計画案が世界の注目を集めていたノーマン・フォスター設計の香港上海銀行の建設現場を見学したのは1983年。現場での設計チームの中に日本人がいると聞いた私は仲間を募り、その人を訪ねた。彼は現場を案内しながら、数々の新機軸とそれゆえに生ずる問題を詳しく説明してくれたのだった。想えば、今や珍しくないスケルトンエレベーターやエスカレーターもすべてそこから始まったのだ。それから40年近く経ったある日、「素晴らしい建築を紹介したいので、一緒においでよ。」と室伏次郎氏に誘われて、都心にひっそりと建つ集合住宅の中へ入った私は、外観からは想像もしなかった圧倒的な内部吹抜け空間と、そこで迎えてくれた人を見て、驚いてしまった。昔日の香港でお会いした建築家の松田直則氏だったからである。

　香港上海銀行の竣工後、フォスターアソシエイツを退職した氏は香港大学で教鞭をとる間にHOUSE Mを設計。帰国してここで暮らしていた。

　フォスターを彷彿とさせる素材の特性を活かした透明な箱の中から、大陸的なおおらかさが空へ抜ける。

地階から3階までの4層を吹抜ける中庭
中庭は多彩な線で構成された面で囲われ、線のリズムが空間に活きる

# 真ん中の吹抜けが「ウチ」と「ソト」を馴染ませる

コの字に配された内部空間と直階段の外部廊下が中庭を囲む。
住居タイプは、意外にも「重層長屋」だ。

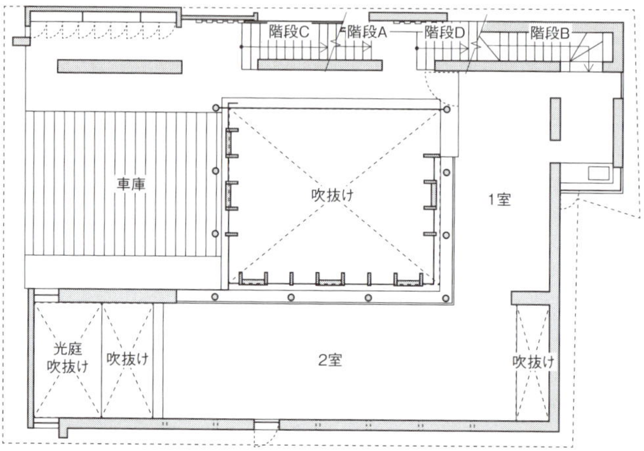


1階

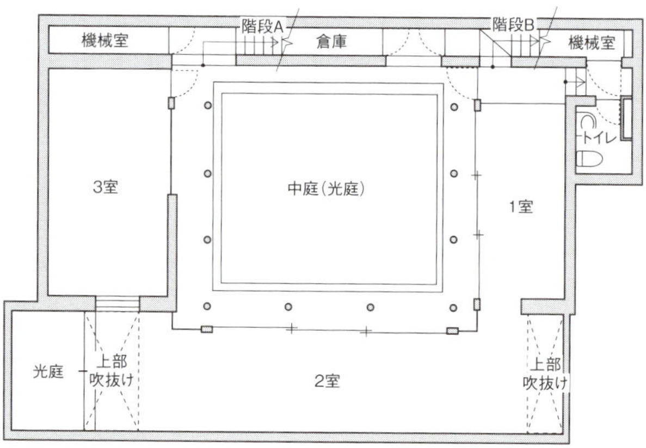


地階

平面図

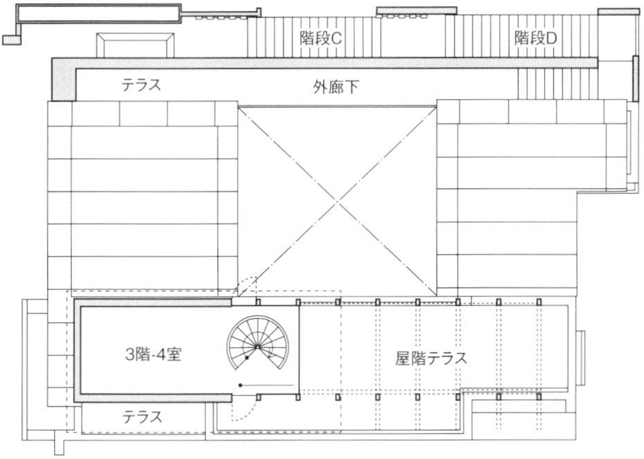
階段C
階段D
テラス
外廊下
3階-4室
屋階テラス
テラス
R階

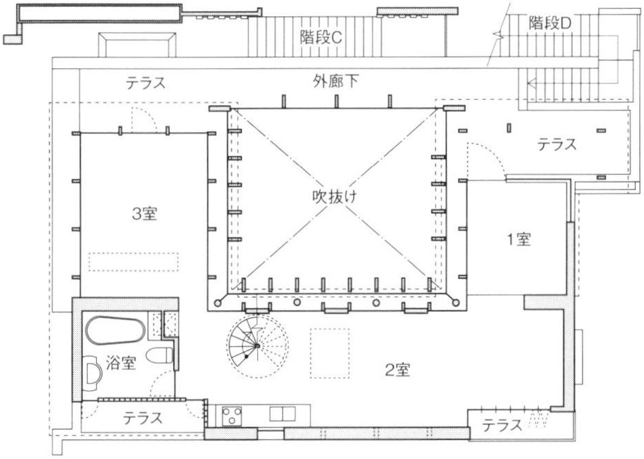
階段D
階段C
テラス
外廊下
テラス
3室
吹抜け
1室
浴室
2室
テラス
テラス
3階

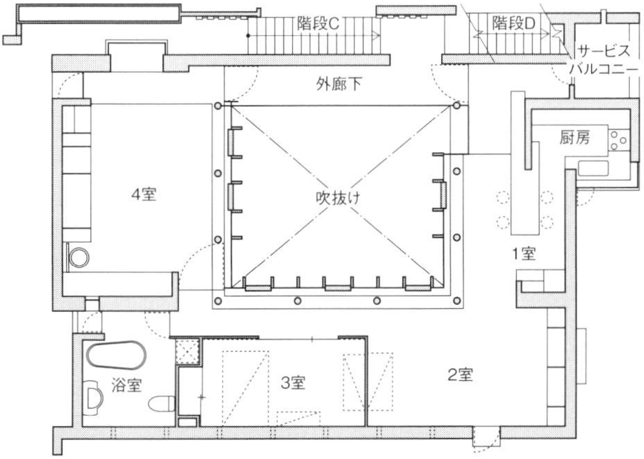
階段C
階段D
サービス
バルコニー
外廊下
厨房
4室
吹抜け
1室
浴室
3室
2室
2階

各階の住室は吹抜けに向けて開放的だ。
プライバシーよりもコミュニケーションが期待されている

写真1点：撮影 新建築社写真部

## 垂直動線は「ソト」

外廊下からのアプローチ。右側には中庭に通じる吹抜け

地階から見上げる空は遥かに高い

オアシスの底に樹木が育つ中庭は人々が引寄せられ集う広場

# 中庭を囲む空間構成は
# 中国大陸伝統の民居的感覚

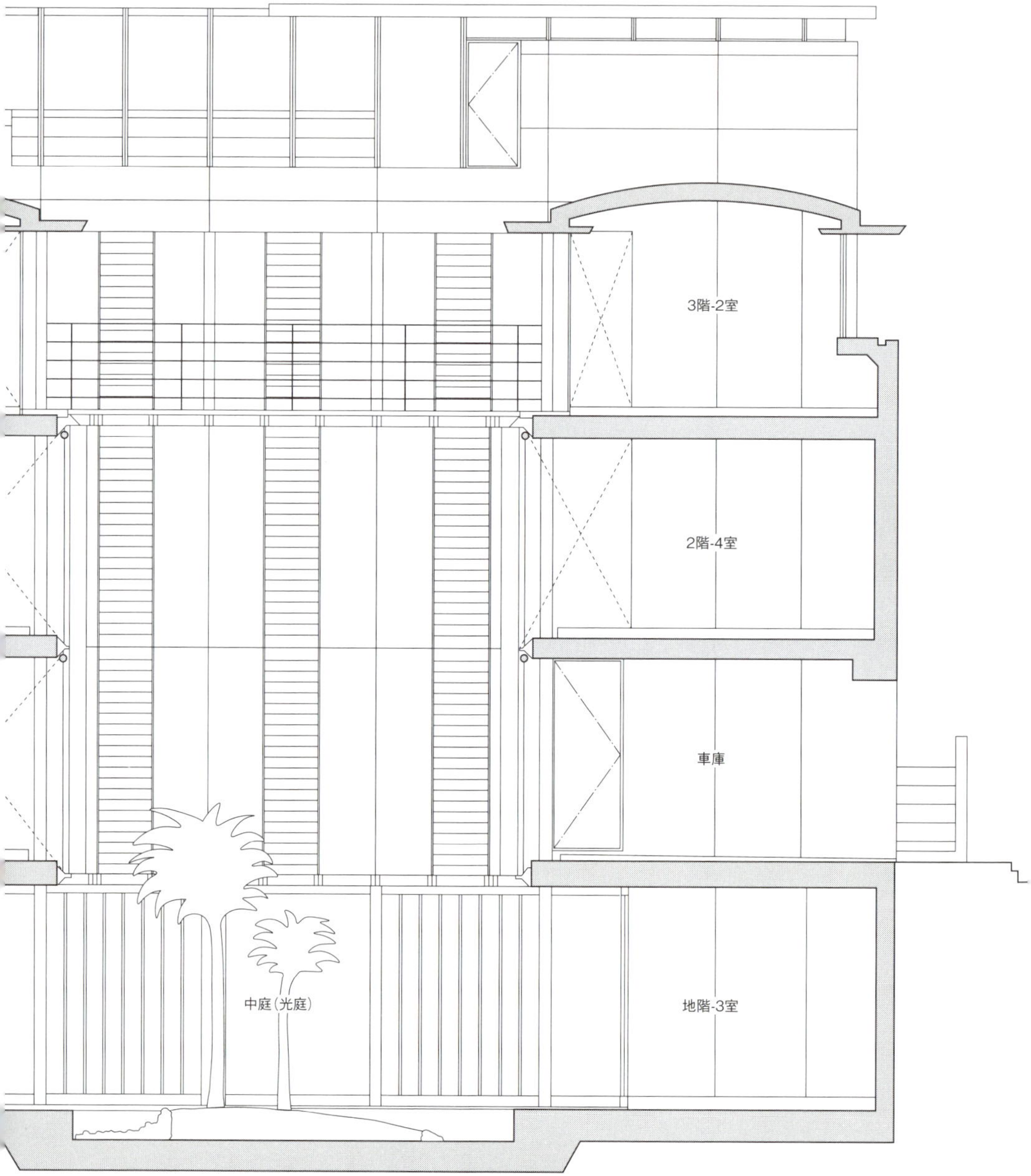

上右：道路からは内部の巨大な吹抜けの存在は想像できない／上左：中庭で時折開催されるイベントには大勢の人が集う／下：地階では様々な展示やイベントが催される

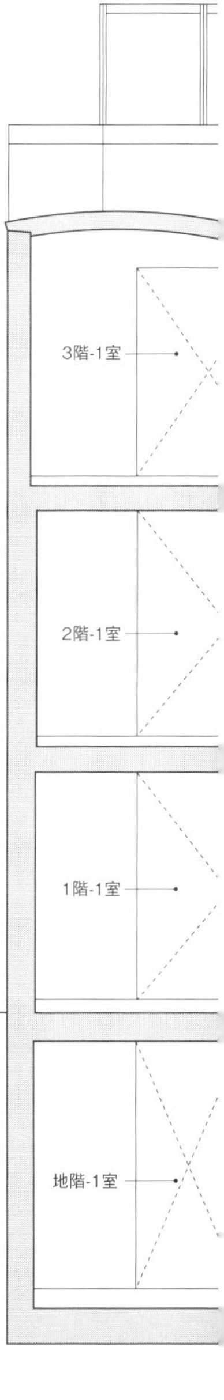


断面図

The house. 16

# 野生の幾何学

設計者 後藤武・後藤千恵

## 「逗子のアトリエ兼住宅」

### 自らの思考を厳格に形体化

後藤武氏は、建築家であると同時に学者でもある。著作は多いし、教鞭も執る。おしなべて、建築家を自称する者は自分の設計活動の基盤とおぼしき理屈を掲げたがるのだが、それらがいつも整合しているか？　いささか心もとない……ですよね？　後藤武はそこを厳格であろうとし、自分の行為すべてが一貫した創意の表現だと言う。なるほど、著作はどれも一流の論文であって、彼の慧眼ぶりはつとに名高い。一方で千恵夫人は理屈抜きの職人肌だ。亭主の作意とディテールまでに及ぶコダワリを適格に読みとって、図面と現場で見える化するのだ。

このコンビが論理を見事に空間化したのが、二人のアトリエ兼住宅。単純に編まれた網の上に交叉する二層の物語の構成要素は、互いに交わることを禁ずるかのごとくに巧みにズラされている。この中に居ると、厳格と曖昧の間を泳がされている気分だ。このズレを猫二匹が抜けてゆくさまを「野生の幾何学」と称しているのは「野生の思考」（クロード・レヴィ・ストロース）への暗喩であろう。つまりここは、彼等の世界解釈の一つなのかも…。

**DATA**

設計：後藤武建築設計事務所

敷地面積：297.16m$^2$

建築面積：102.23m$^2$

延床面積：111.85m$^2$

竣工：2022年

上下のハコが東西・南北に1820㎜ずつずれて積層

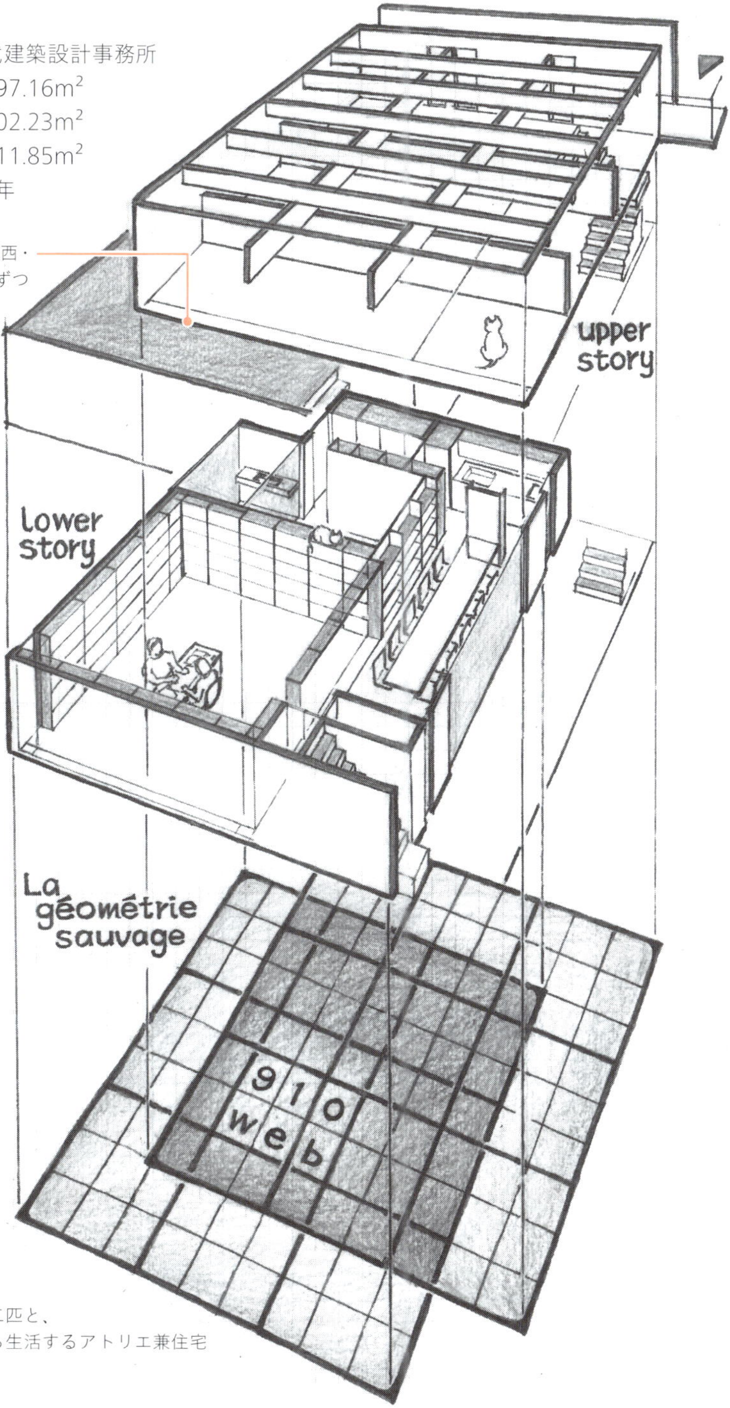


夫婦二人が猫二匹と、
仕事をしながら生活するアトリエ兼住宅

# 開放と閉鎖の同時性

閉じたハコでありながら閉鎖的ではない。
構造と景色が積層し、その位相が居場所によって全く異なる印象を生み出している。

1階の東西方向だけに開口を設け、南北は閉じた。外部との関係を敢えて限定することで、ハコが強調されている。室内への光は4カ所のトップライトから取り入れている

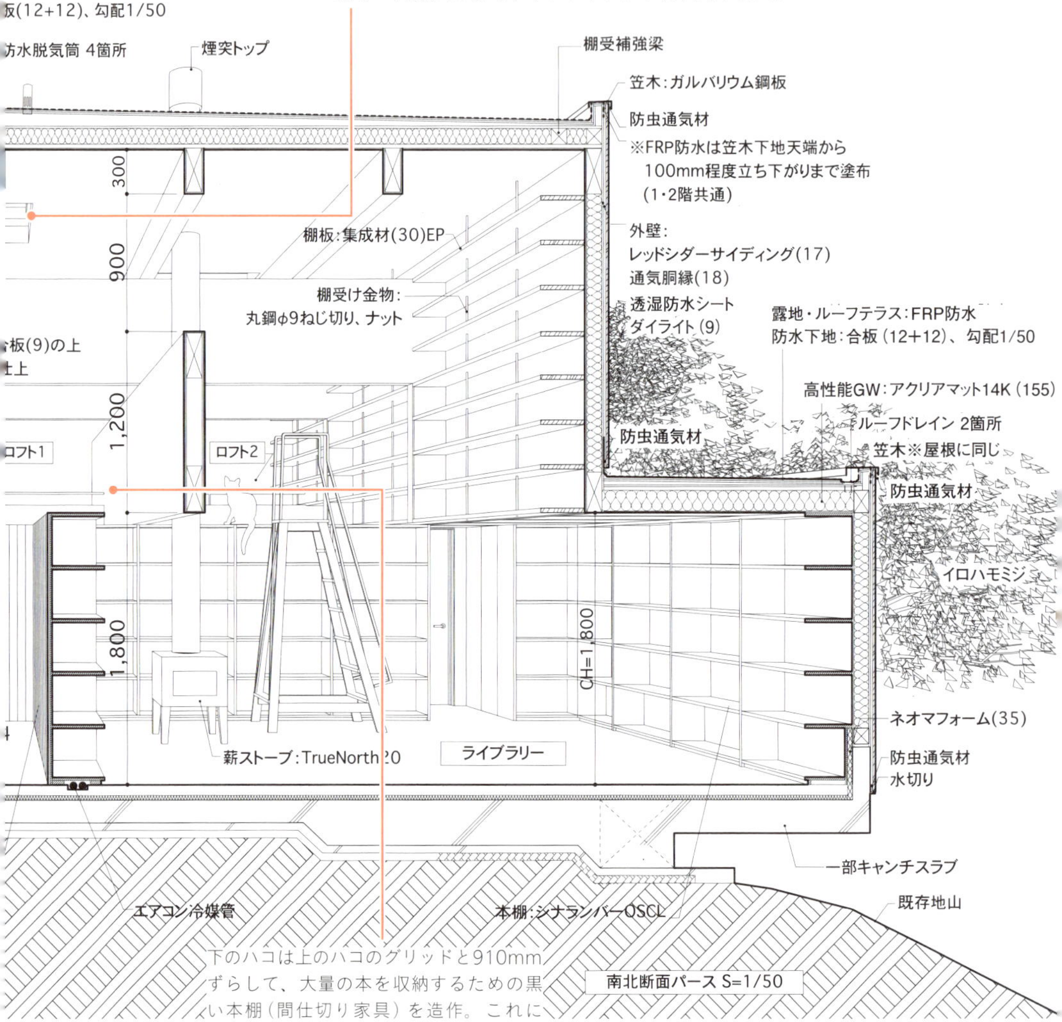


下のハコは上のハコのグリッドと910mmずらして、大量の本を収納するための黒い本棚(間仕切り家具)を造作。これによって空間を仕切った

写真：小川重雄

上のハコは、空間を9分割する2.73×2.73mのグリッドに沿って、上から、梁成300㎜、900㎜、1,200㎜の3つの白い壁梁を直交させながら積層した

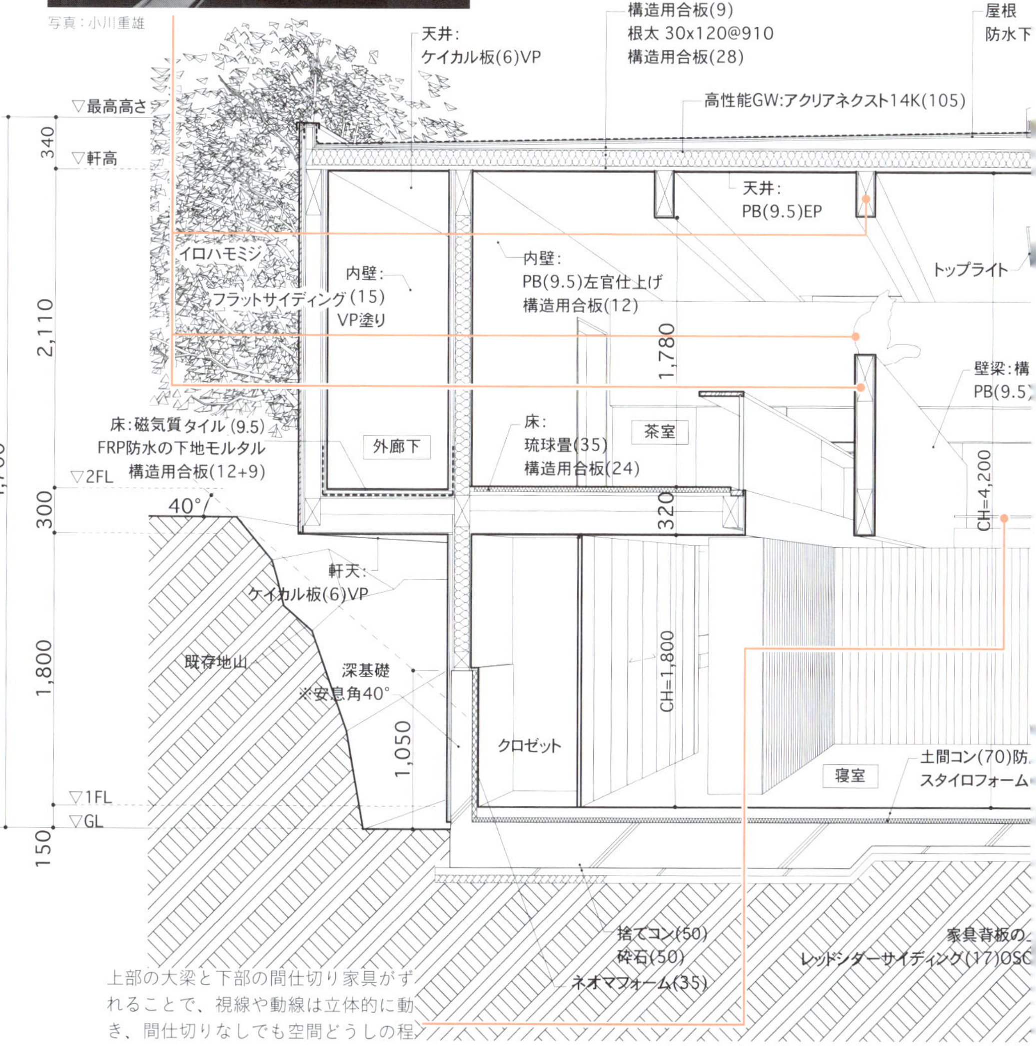


上部の大梁と下部の間仕切り家具がずれることで、視線や動線は立体的に動き、間仕切りなしでも空間どうしの程よい分離とつながりが生まれている

# 構造と景色の異なるレイヤー

閉じた部屋はない。グリッドに規定された構造体がつくるリズムや対称性、梁や空間の積層からくる重層感、上下のハコのズレによる視線の抜け……。すべてが呼応し、空間が複雑化している。

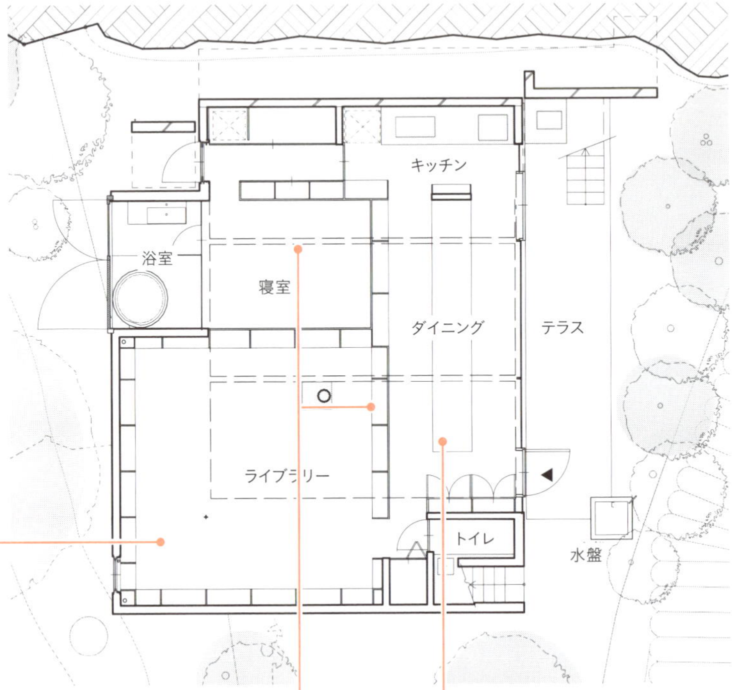

平面図　1階

上のハコのグリッドは2.73×2.73m。一方で下のハコは上のハコの分割線から910㎜ずらした位置に、本棚（兼間仕切り）を造作

周囲の尾根と庭の緑、室内の間仕切り家具（本棚）がレイヤー状に重なり、居場所によって景色が変わる。室内からは切り取られた外部の風景を見せられる

写真：小川重雄

入口のボリュームは最小限に留めている。外壁はレッドシダーの板張り

アプローチは2階からテラスを通りダイニングへ。来客や打合せはここで対応。ただし、事務室へは外部から直接アクセス可能

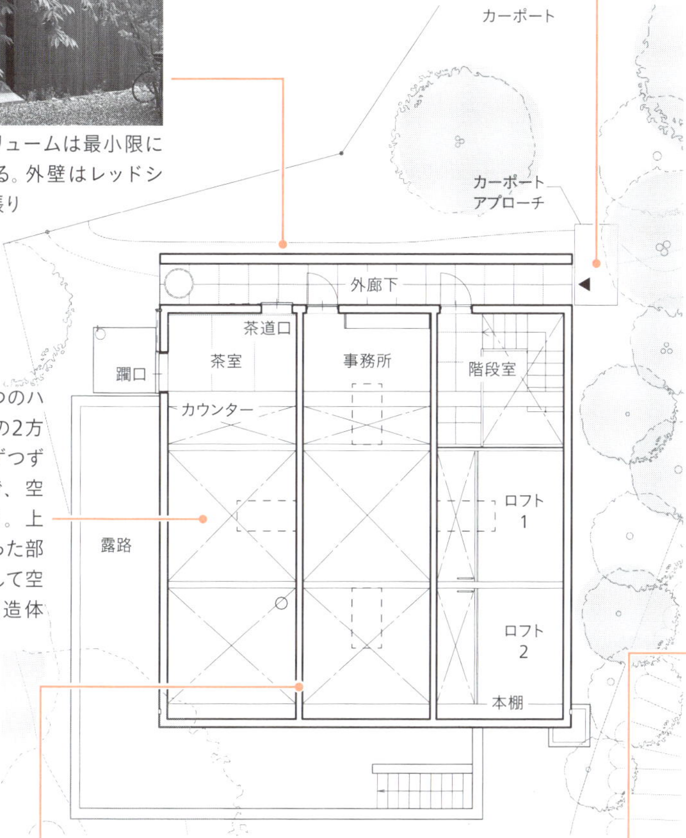


性質の異なる2つのハコを南北・東西の2方向に1820mmずつずらして積むことで、空間が浮遊してゆく。上下のハコが重なった部分は吹き抜けとして空間をつなぎ、構造体の積層を見せた

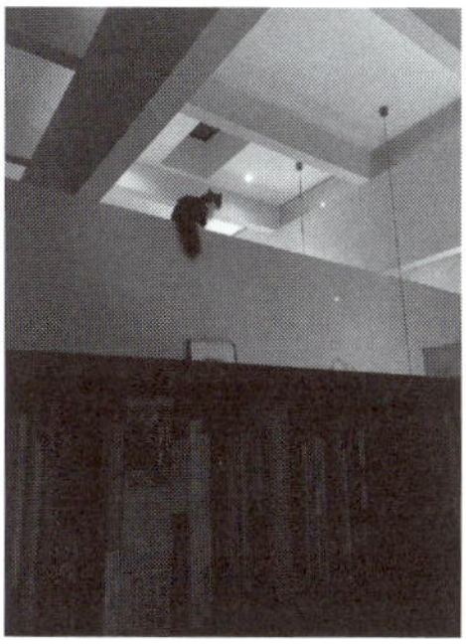

2匹の猫は自由に梁を渡り、1階にいる人々を見下ろしている

妙に落ち着く暗さのライブラリー。暖炉の暖気は家全体を漂う

# 敷地の文脈をそのまま活かす

敷地は谷戸（丘陵地が侵食された地形）。
尾根の地形に合う形を求め、崖地の傾斜に沿うように、
東西南北方向にそれぞれ1,820㎜ずらした２層のヴォリュームを配置する構成とした。

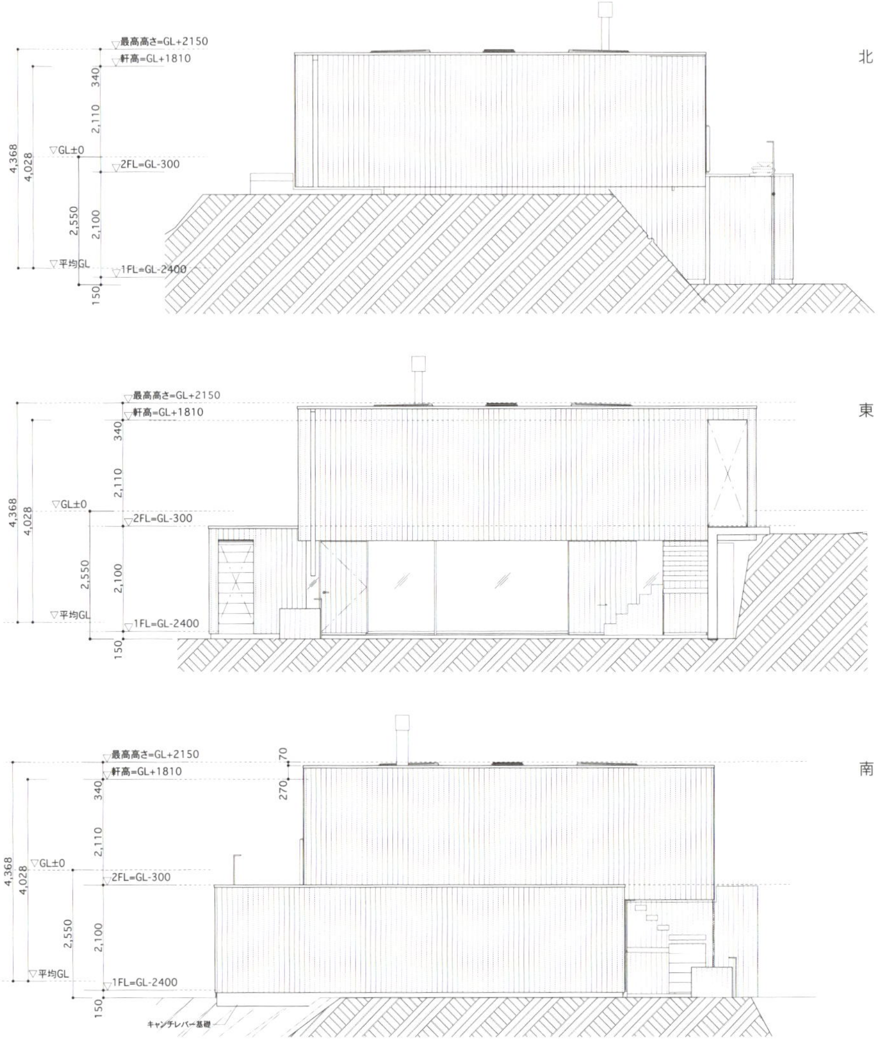


立面図［S=1:150］

1階の東西方向だけに開口を設け、南北は閉じた

左:和室にはもちろん躙り口と茶道口が設けてある／右:外廊下から奥の開口に視線が抜ける。まるで玄関ホールに飾る絵画のように、風景を切り取る。壁にも景色や光が反射し暗さがなく、美しい。無機質と有機質の併存を感じさせる

2階の玄関からアクセス。外廊下、階段を通り居室へ。立地を活かしたテラス兼アプローチ。周辺の山の豊かな自然は、まるでこの家のための外構のように取り入れられている。この借景は、居室からガラス越しにも見え、「庭」としても機能する

写真3点:小川重雄

The house. 17

# 雑木林に佇む10戸の家たち
## ——夢をかなえた男の物語

設計者 下山聡＋垣内光司（八百光設計部）

## 「下山自邸（オモヤ）と両親の家（ハナレ）」

**DATA**

設計：下山建築設計室＋八百光設計部
敷地面積：445.64㎡
建築面積：159.35㎡
延床面積：207.54㎡
竣工：2005年

### “構造芸人”下山聡

下山聡さんは構造一級建築士。構造設計家といえば、左手で電卓をたたきながら、右手でマウスを操作し、パソコンとにらめっこ…。という姿を想い浮かべますよね？ところが、大きな体に似合わず、彼のフットワークはすこぶる軽い。全国のどこの現場へも、すっ飛んで行く現場第一主義の人だ。辺鄙な所なら、自転車をたたんで新幹線へ乗り込む。そして、膝だけでなく頭も柔らかい。数学も力学もてんで解っちゃいない意匠設計家の無理難題を喜んで引き受け、エレガントな解決策を逆提案する。いみじくもこの男を「構造芸人」と

命名したのは建築家の中村好文氏。
ある日、新興住宅地を散歩中の彼が見上げた先に、手つかずに残された雑木林の斜面が広がっていた。「あっ、ここで暮らしたい…」そう思ったとたん、彼はもう走り出して止まらなかった。手当り次第に呼びかけ、ビラを配り始めてから一年経ち、これに賛同した10世帯がこの斜面に集結して更に2年。門も塀もない10軒の戸建て住宅が、つかず離れず寄り添って、小さな村が誕生！

「ご近所づきあい」の始まりです。

# 尾根に10戸の住まいを散在させる

構法や風致規制、コーポラティブルールなどのさまざまな条件を組み込みながら、
10戸の建物を尾根にどう配置するのか、が問題であり、楽しみでもあった。
そして…この斜面に「集落」が生まれた。

敷地は緑が豊かで、平均斜度が30度を超える斜面地。全10戸からなるコーポラティブハウスのうちの1棟が下山邸とハナレだ

オモヤからハナレに向けて人工地盤を伸ばし、その上にハナレが乗っかるように、支えている

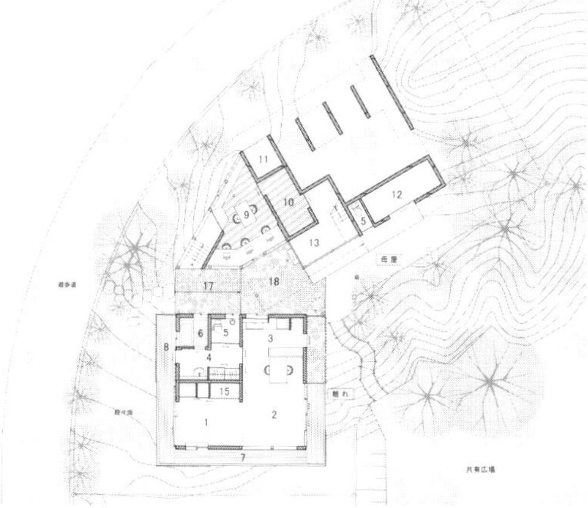


1階
平面図

「く」の字型の敷地は北東から南西へ下がる高低差約10mの尾根。遊歩道を挟み、北には保存緑地、西には街区公園。東はコーポラティブハウス居住者の共有広場に面する

ハナレの南側から。建物の下に立つ4本の柱は鉛直力を支持。

人工地盤の水平力はオモヤが負担し、尾根の先端に刺さる4本の柱で、ハナレの鉛直力のみを支えている。地中梁を省き、土木工事費の削減とともに、元の地形をそのまま生かせる計画とした

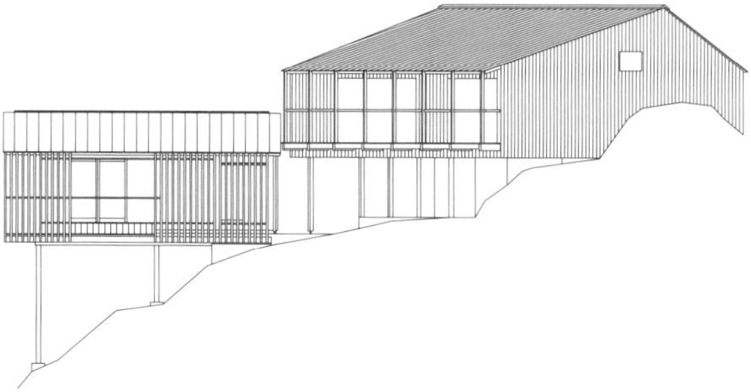

東立面図

子世帯が暮らすオモヤ（事務所併設）と、親世帯が暮らすハナレで構成された2世帯住宅

配置図

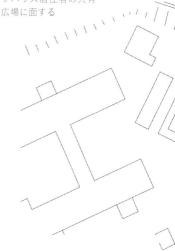

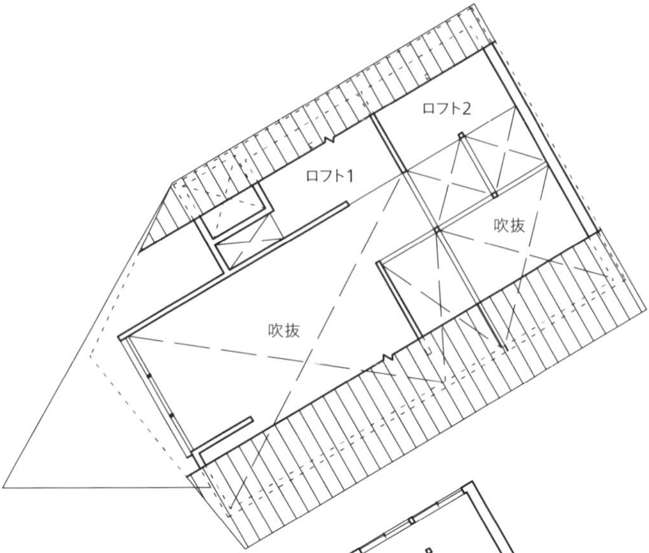


オモヤロフト階

居間とデッキは一体で
活用。三方へ視界が開
かれ、雑木林を望む

オモヤ1階
平面図

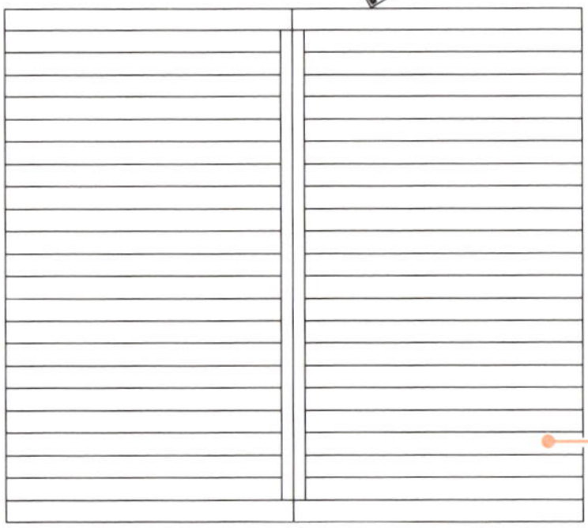

ハナレの屋根

ハナレ屋伏図

オモヤの居間。床は15㎜厚のカエデ材、壁と天井は素地のラワン合板。登り梁は現している

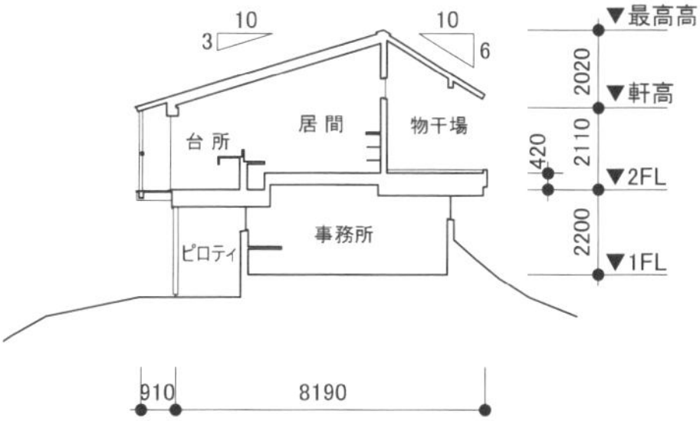


オモヤ短手断面図

居間の床は一部高く（420㎜）されており、外部のデッキと連続させるとともに、下の階の事務所の天井高を確保した。居間の天井高は最高部で3,840㎜。左奥は台所

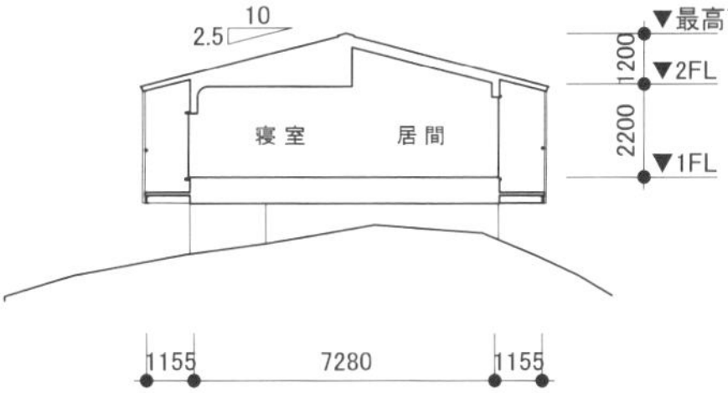


ハナレ短手断面図

まるで浮いているようなハナレは、シンプルなワンルーム。勾配天井とフラット天井を組み合わせて空間の質を変化させた。三方をぐるっと縁側が囲み、周辺の緑を楽しめる

# 地形を活かし、天井高を操作して機能をゾーニング

下部への眺望など、崖地の魅力を活かしつつ、共有広場への威圧感を軽減するため、地階の階高を抑えたり、分棟にして抜けをつくったりした

建物は木造・一部RC造＋S造で、平均斜面角が30度を超える斜面に立つ

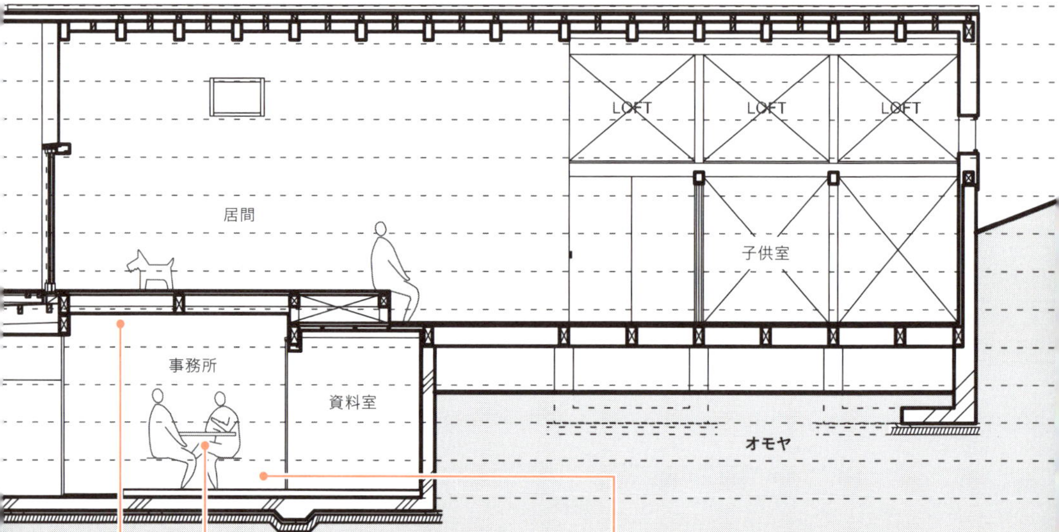


1階の事務所は、内部容積を確保するため、なるべく建築高を抑え、地面に埋まる地階とした

地形をなるべく削らないよう事務所の階高を2,200㎜と抑えつつ、事務所の上部に位置する1階の居間は高床（420㎜）とし、天井高を確保した

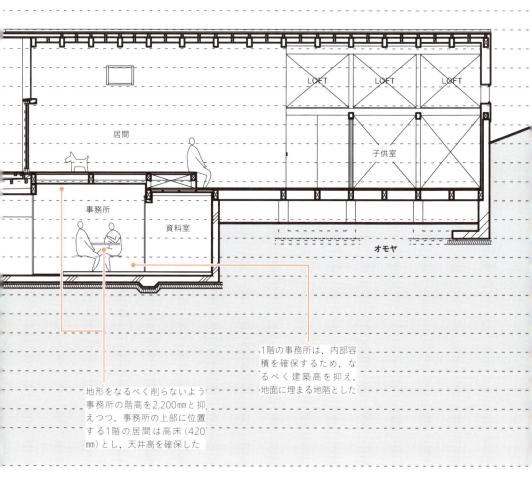

西側（裏側の保存緑地）から見ると、建物から道路側に向かってオモヤのデッキが張り出している。その下のRC造部分は事務所

居間は巨大なワンルーム。デッキとフラットにつながり、既存樹木へとアクセスできる

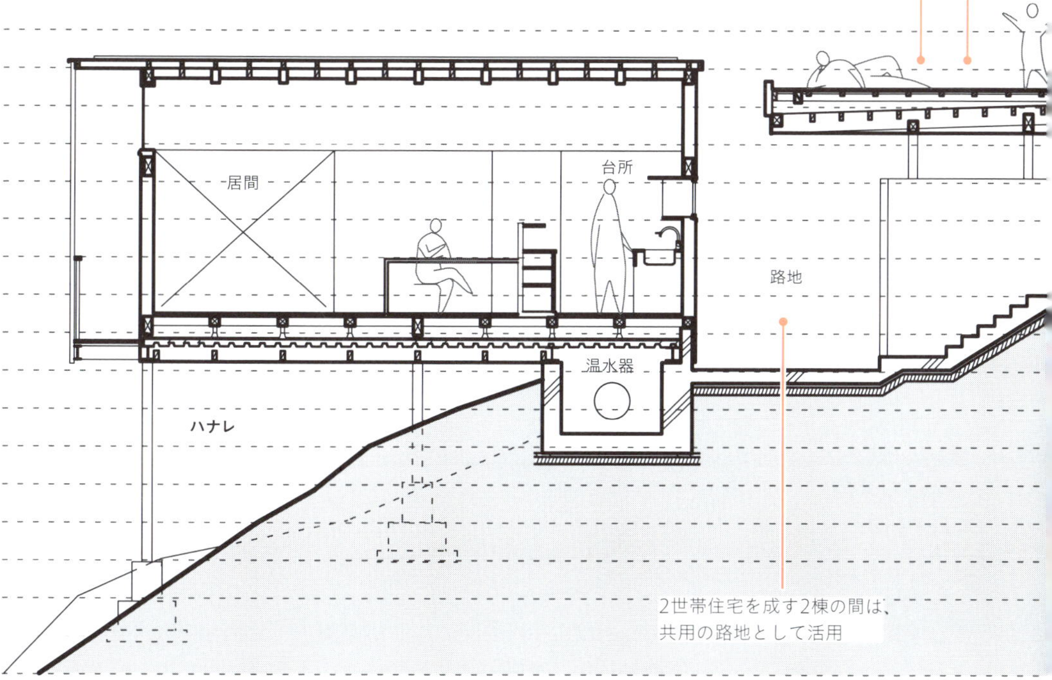


2世帯住宅を成す2棟の間は、共用の路地として活用

断面図［S＝1:200］

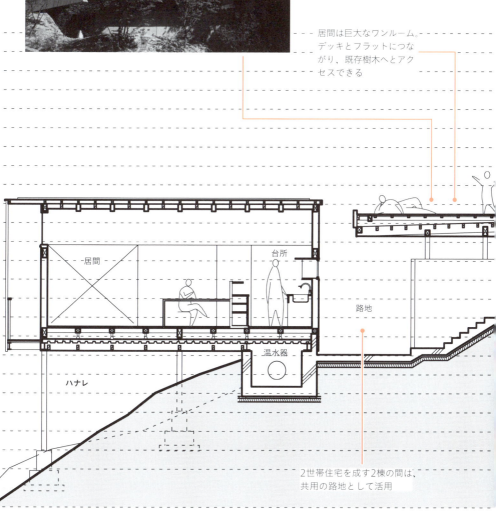

The house. 18

# 二人が要るモノ・居るトコロ

## 設計者　保坂猛「LOVE HOUSE」

### はじめにある想いをそのままカタチにすれば…

保坂猛さんと話していると、私を含めて建築家という人種がなんだか片寄った思考に染まっているのではないか…。という妙な気持ちがしてくる。

　彼が生み出す独特な建物たちは一見すると、どれもこれもが定石から大きくはずれた大胆な意匠におもえる。ところが本人は、ごく当たり前の道筋を辿った末に実現しました、と恥かしそうに笑うのだ。

　ここに紹介するラヴ・ハウスは彼が30歳の時に、愛する妻と自分のために建てた家だ。狭小敷地にそれでも目一杯の二人の棲み家はわずか11・5坪しかない。…しかないのに…「これで十分だなあ」と、ここを訪れた誰もが感じてしまう。いや、むしろホッとすると言った方がよいのは何故だろう？

　私たち建築家は住宅に必要な性能を確かめながら、同時にそれぞれの広さを案配する癖がついてしまっていますよね？　それ故に、広さから考え始めてはいまいか？

　夫妻は敬虔なクリスチャンだ。二人が過不足なく、暮らしてゆくそのために、はじめにある想いに何か…　洗われる気がするのだ。

**DATA**

設計：保坂猛建築都市設計事務所
敷地面積：33.16㎡
建築面積：18.86㎡
延床面積：37.92㎡
竣工：2005年

もともとは1枚の帯だったのかもしれない…

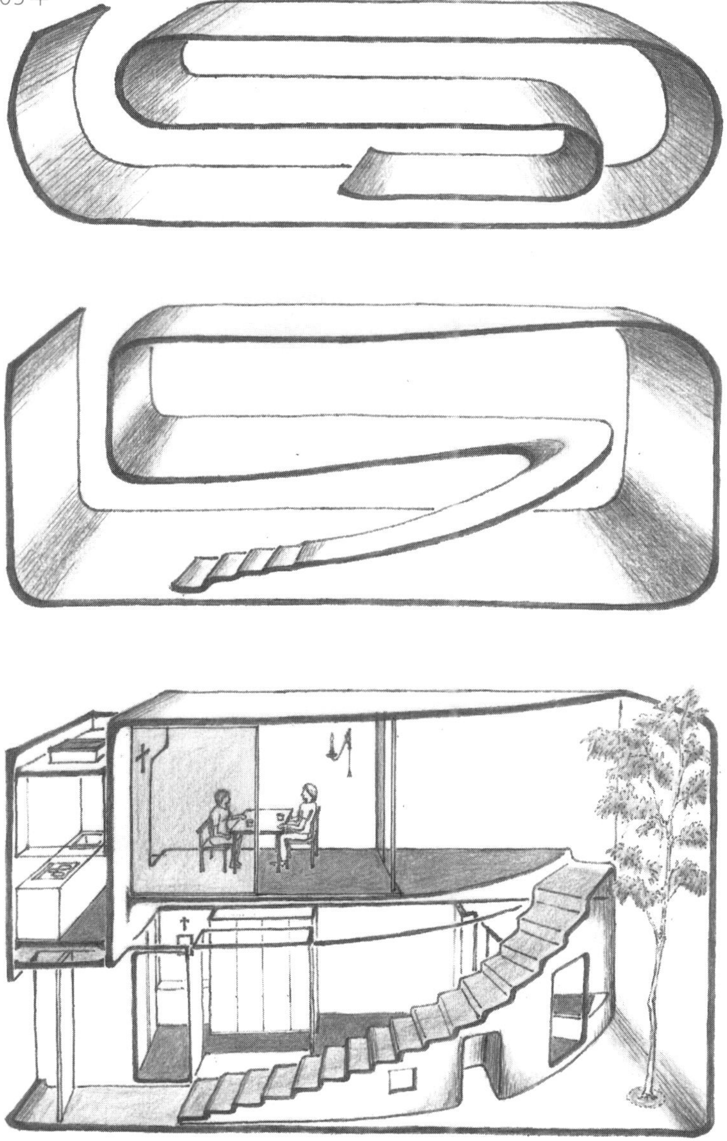

# 内外、上下、表裏…<br>空間の質を均一にすることで<br>それぞれの特性がより際立つ

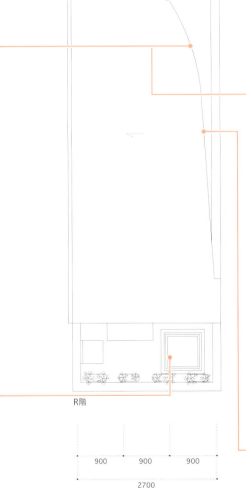

R階

雨天時、雨は音を立てて降り注ぎ、屋根の曲線に沿って雨のカーテンがかかる

敷地は間口は3.3m・奥行10m。建物は間口2.7m、奥行約9m。建物の幅と奥行めいっぱいに描いた曲線に、2階へ上る階段と屋根ラインを沿わせた

建物に入ると、そこは外。

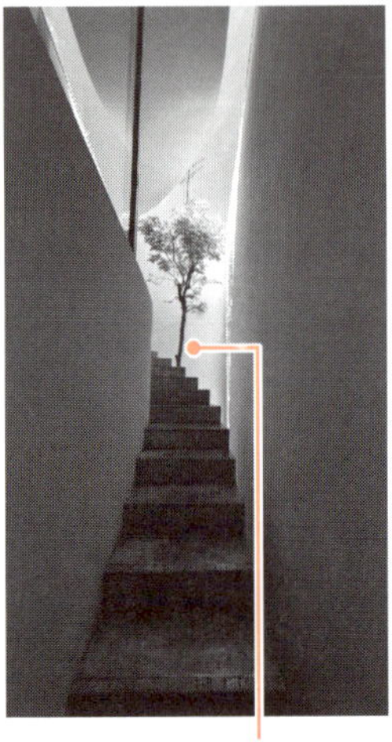

奥に育つトネリコの樹に、光、影、風を感じる

屋根のスリットからは空が見え、陽光や月光が差し込み、風が通り抜け、雨も降りそそぐ。果樹には鳥や虫が訪れる。自然を取り入れるというより、そのままの自然がそこにある

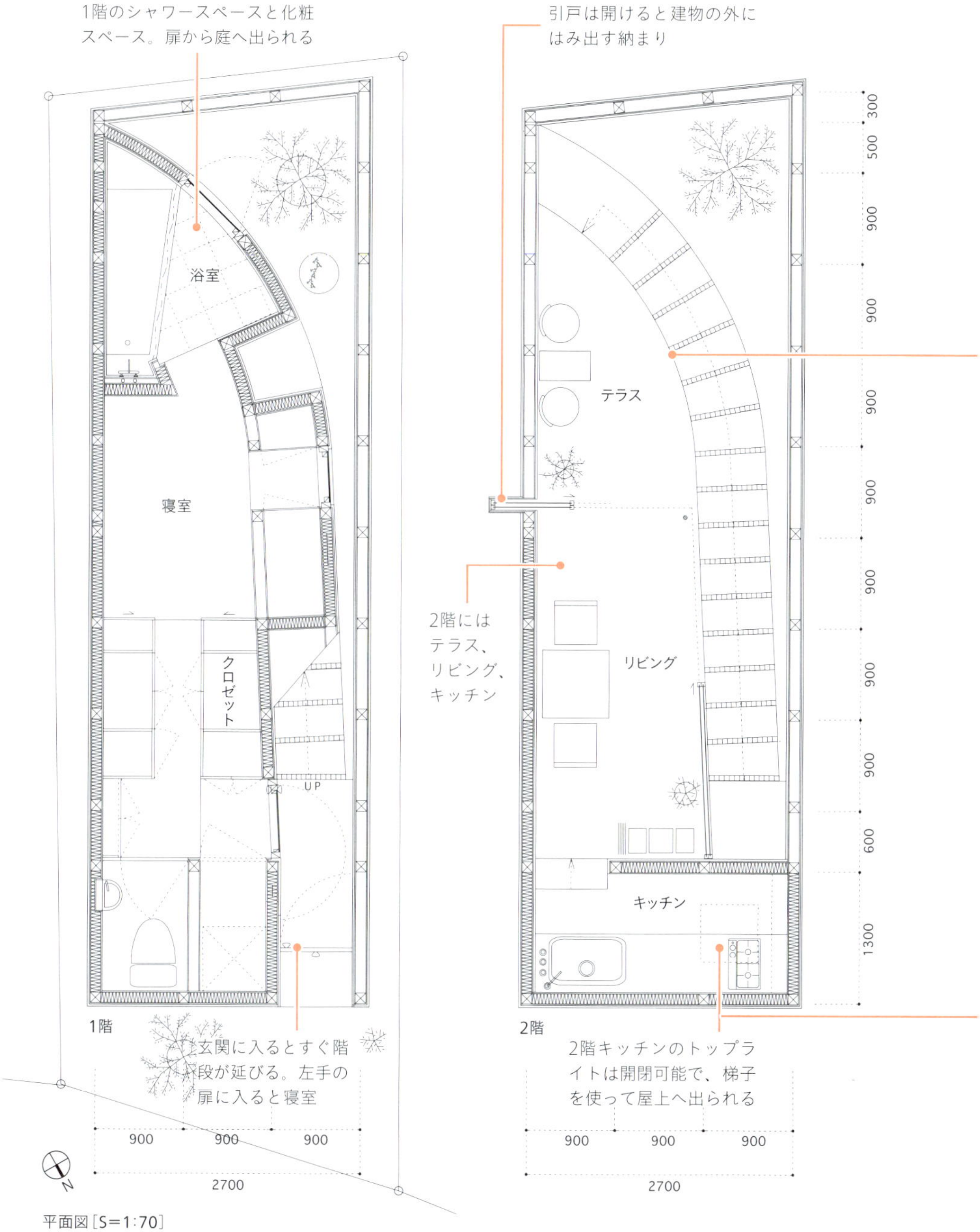
1階のシャワースペースと化粧スペース。扉から庭へ出られる
浴室
寝室
クロゼット
UP
1階
玄関に入るとすぐ階段が延びる。左手の扉に入ると寝室
900
900
900
2700
N
引戸は開けると建物の外にはみ出す納まり
テラス
2階には
テラス、
リビング、
キッチン
リビング
キッチン
2階
2階キッチンのトップライトは開閉可能で、梯子を使って屋上へ出られる
300
500
900
900
900
900
900
900
900
600
1300
900
900
900
2700

平面図[S=1:70]

# 屋内でもなく、屋外でもない空間

LOVE HOUSEは「内外を分ける」「自然を取り入れる」という概念ではなく、
「屋内でもなく屋外でもない空間」を体験できる

上：リビングと回廊の境界は全面ガラスの引戸とし、全開可能。空間を連続させつつ、必要に応じて仕切れる。そこは「屋内」にも「屋外」にも類さず、どちらの特性も楽しめる／下：照明器具のないこの空間は夜間、数個の蝋燭の光と夜の闇とが共存する空間になる

# 陽光が時間を感じさせる

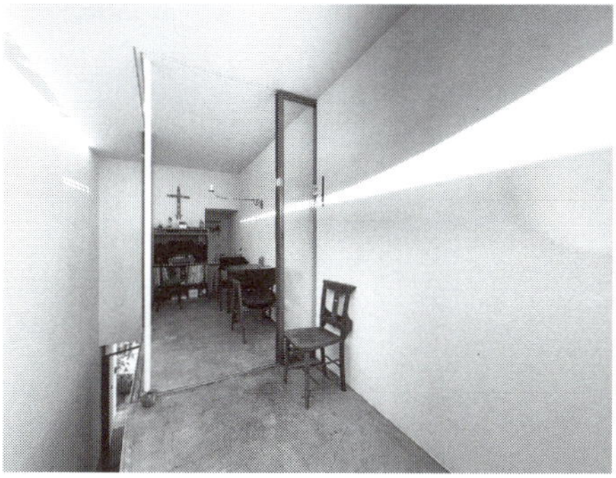

旧約聖書の創世紀は「初めに神が天地を創造した」から始まる7日間の天地創造の物語である。わずか10坪のこの家に、そのすべてが揃っている。

Basic elements of the earth

LOVE HOUSE
with all of basic elements of the earth

画：保坂猛

リビングと回廊の境界にあるガラスの引戸は床上から天井までの高さで、存在感を感じさせない

階段は曲線の長さから逆算して勾配と段差を決めた

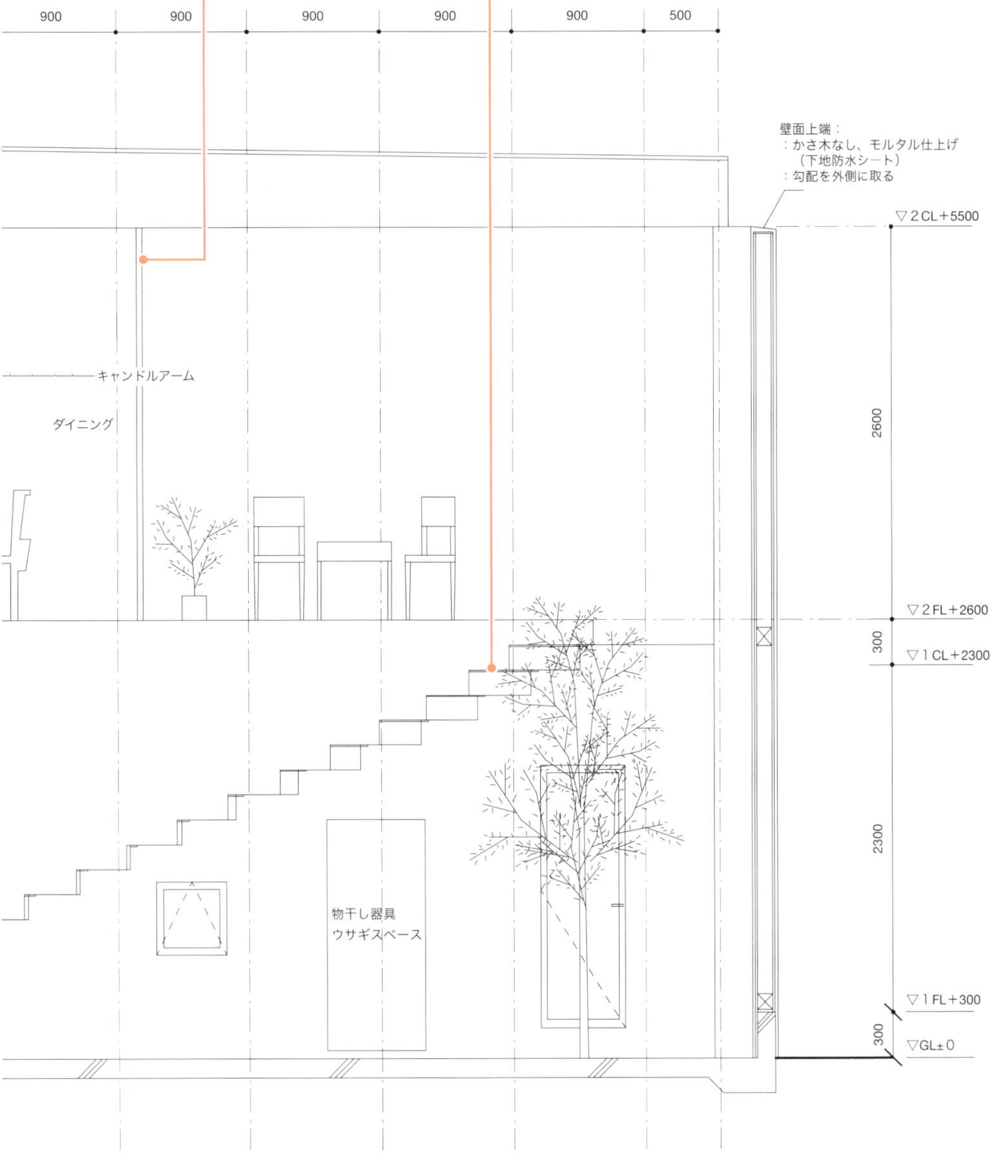

ファサードは矩形で、入口だけが見えるよう、屋根の高さを調整

1階に寝室と洗面・浴室。2階にはリビングとキッチン。建物の機能は必要最低限に絞られた空間。だからこそ、むしろ緊張感がなく、居心地がよい

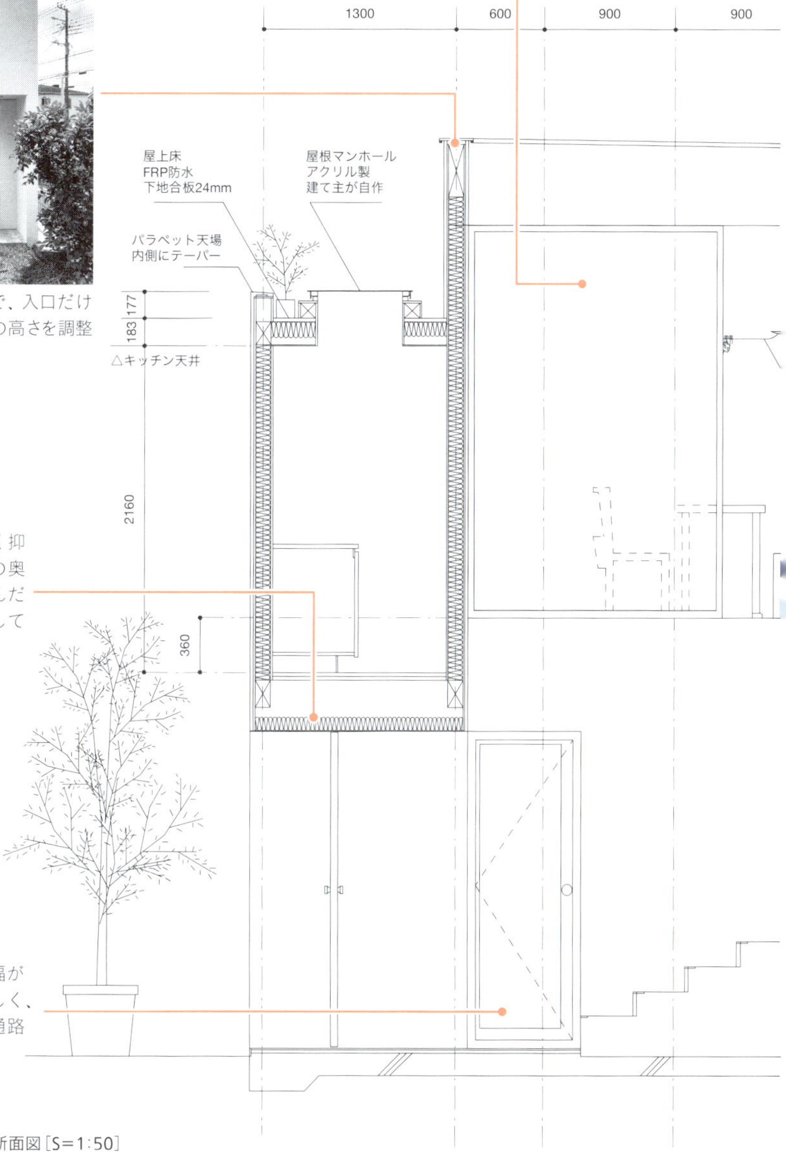


玄関の天井高は低く抑え、庭へ続く回廊の奥行と、その先へ進んだ時の開放感を強調している

寝室に入る建具の幅がほぼ通路の幅と等しく、戸を開くと同時に通路をふさぐ

断面図[S=1:50]

The house. 19

# ふたつの家

## 設計者 宮崎浩・宮崎桂「南町の家」

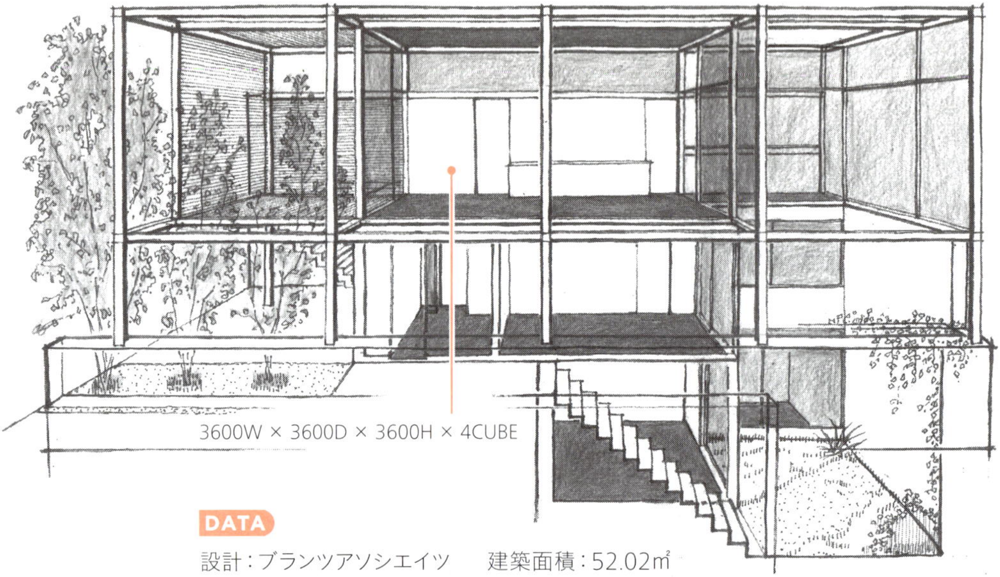


**DATA**

設計：ブランツアソシエイツ　建築面積：52.02㎡
敷地面積：130.55㎡　延床面積：136.84㎡　竣工：2000年

### 骨格と、そのプロポーションから空間を創る

宮崎浩は槇総合計画事務所在籍中から今日に至るまで比較的大規模な建築において大胆な構成の中にも精緻なディテールを併せ持つ傑作を担当した。特にメタルワークとガラスの扱いは常に先駆的だと言ってよい。一方で、住宅は寡作である。しかし、本人の作意上にビルディングタイプの区別はない。どんな条件下であっても、空間の骨格とそれを活かすプロポーションの検討が優先事項だからである。

ここに紹介する二軒の住宅は、構造・構法が対象的だ。ひとつは「鉄骨造真壁」であり、もう一つ

## 「北町の家」

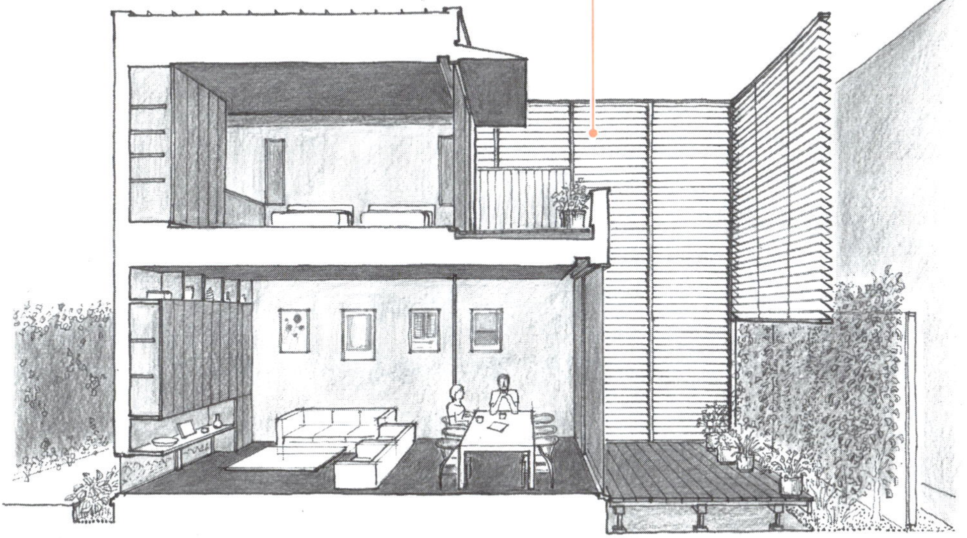
1・2階のテラスは空へと広がってゆく

**DATA**

設計：ブランツアソシエイツ　建築面積：59.36㎡
敷地面積：160.30㎡　延床面積：102.27㎡　竣工：2021年

は「木造大壁」なのだ…。にも拘らず内部・外部に対して開く・閉じるの絶妙な呼吸が両者をあたかも二卵性双生児の如くに想わせる。言うまでもなく、骨格とプロポーションの確かさがその所以である。

夫人はグラフィックやサインデザインで高名な宮崎桂さん。建築としての骨格を際立たせながら、暮らしに彩りをもたらすデザインは彼女の独壇場である。それはインテリアデザインとは別物の、空間デザインと言ってよい。

つまり、二人は「同志」です。

# 骨格は構造であり、空間である

無駄をそぎ落としたシンプルさが、むしろ素材や空間の質の違い、植物やモノの陰影・風などの自然の要素を引き立たせる

写真：北嶋俊治

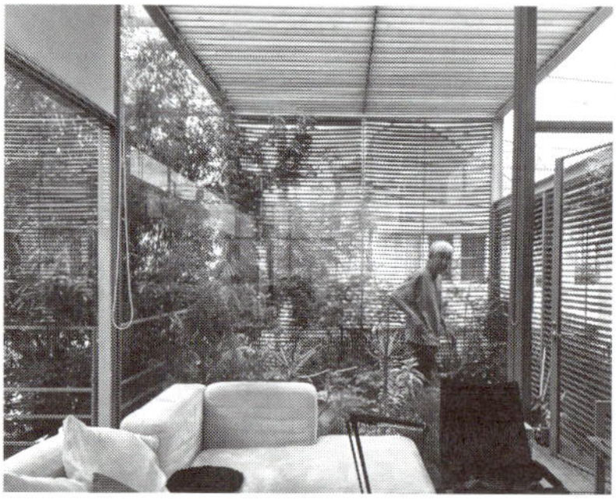

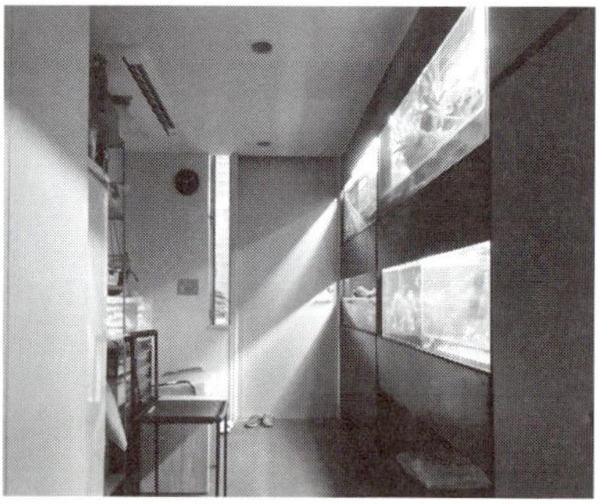

左上：2階テラスはまるで植物園のようだ／右上：1階には水生小動物の住処がある／右下：当時は特注だったパンチングメタルの抜きチップも記念のコレクションだ

## フレームがつくる抽象的な空間

見えがかりにノイズがないことで、
等間隔なグリッドがつくるリズムの心地よさが忠実に伝わる空間。

均一なフレームと見えがかる要素をそぎ落としたディテールが空間のリズムやレイヤーを生む

どこを見ても絵画的なシーンに引き込まれる。室内・テラス・戸外のヒエラルキーは緩やか

写真3点：北嶋俊治

# 繰り返される構成のなかでも空間の質を変える

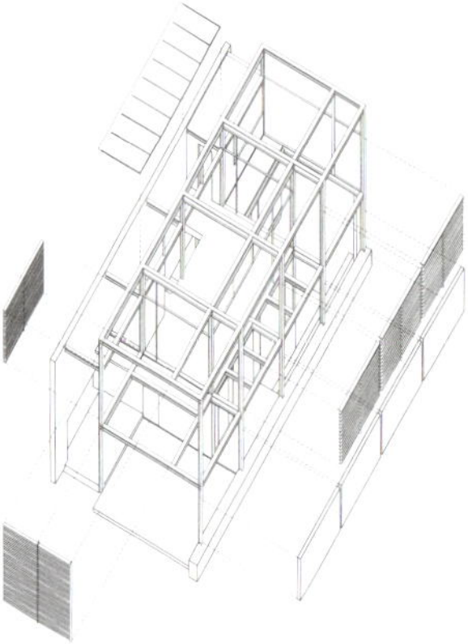

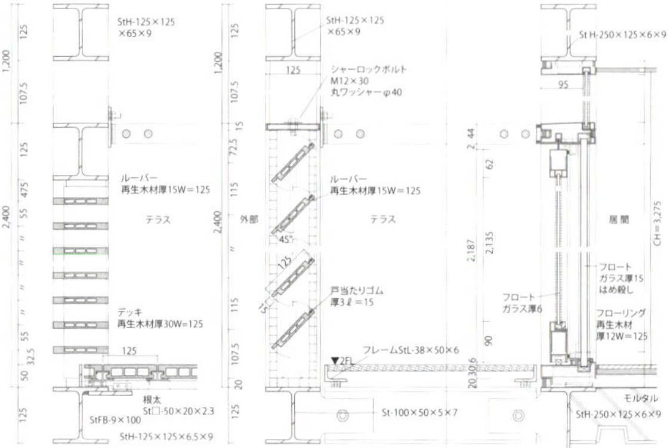


再生木ルーバー詳細図

フレームに沿って内外壁や半透明のガラス、再生木材の可動ルーバーなどを設置。必要に応じて各領域のプライバシーを確保しつつも空間が連続している

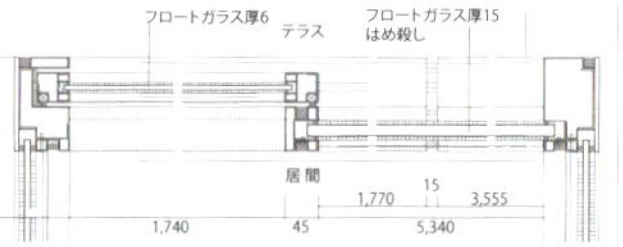


建具詳細図

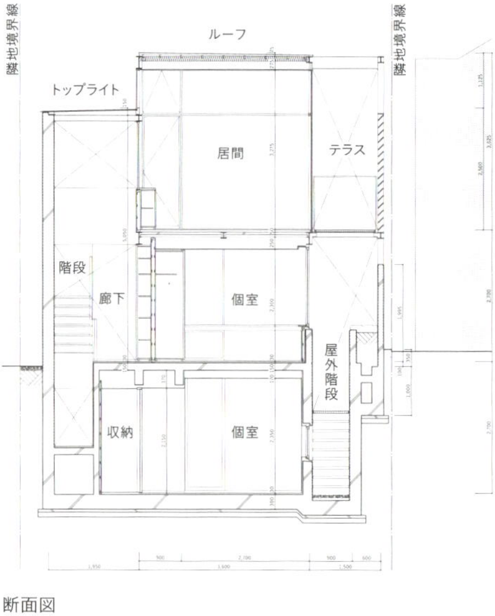


断面図

左：生活の中心は2階。フレームを通じて外部へ広がり同化していくテラス。寝室や水回りは地下と1階に。上：地下の坪庭は静かで明るく、道路側のテラスとは性格が異なる

## 意想はディテールに及び、ディテールは意想を際立たせる

道路側外観。黒一色の壁面上の微妙な風合いは屋内空間を反映している

## インテリアが映えるディテール

建具は閉じると壁に見間違うほどすっきりとした納まり。このノイズのなさが、インテリアを引き立てている

写真左上1点：(株)エスエス　走出直道

## どの面も画になるリビング

写真4点:(株)エスエス　走出直道

右:大きなFIX窓ごしに繋がるテラス/中・左:傾斜の向きを変えることで外部からの視線をコントロールしたルーバー

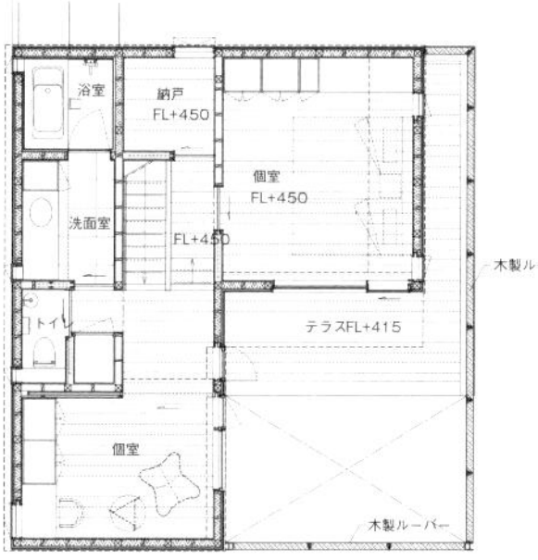


2階

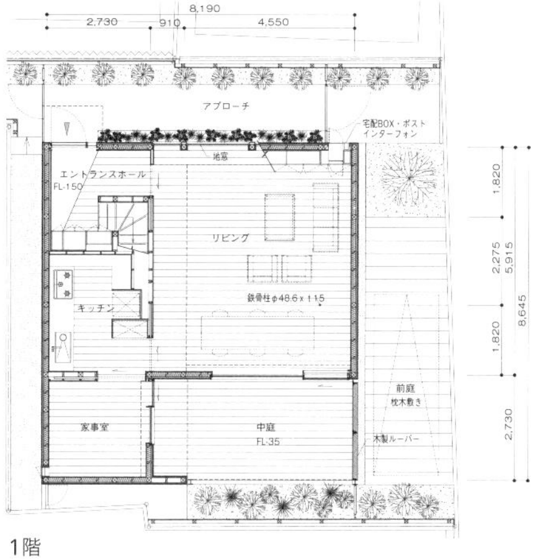


1階

平面図［S=1:240］

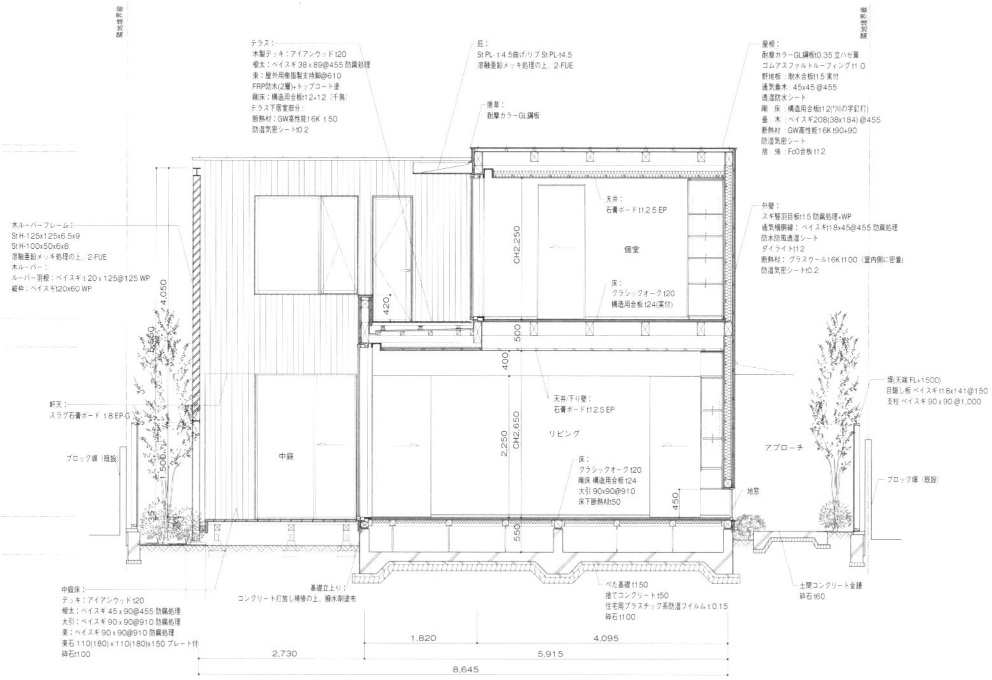


断面図［S=1:120］

The house. 20

# ダブル・グリッドの家

## 設計者 穂積信夫「穂積信夫 自邸」

### 正方形を愛した先生

穂積信夫先生ほど誰からも慕われ愛された人はまれだろう。ご家族はもとより、大学内の教員・職員や教え子たち。学外の団体や行事の会合でも老若男女が先生の周りに自然と集まる。愛されたゆえんが、いつも穏やかで柔和なその人柄にあったのはもちろんだが、先生の中に一本の毅然とした芯が通っていることを誰もが感じていたからでもあった。小柄な身体に備わるすこぶる頼りになる芯なればこそ、包容力も大きかった。とはいえ、何もかも背負ってはいられない。先生は頼み方の達人でもあった。
「○○君、お願い。じゃネ！」
こちらが返答する間もなく切られる電話の歯切れ良さに、依頼は既に成立したことを知る私たちでした。

先生の正方形愛は、つとに有名。寄せてくださる礼文・序文・賛辞の類は必ず行と列がきれいな正方形に整えられていたっけ。なるほど、正方形は平等と公平を象徴するし、しかも真っすぐ据えねばならぬ。丸ければそれで良いのとは違う。
「家は人柄」「家は生き方」
自邸を先生とダブらせて想うのは…私はもちろん、皆んな同じ。

**DATA**

設計：穂積信夫
敷地面積：252㎡
建築面積：66㎡
延床面積：66㎡
竣工：1968年

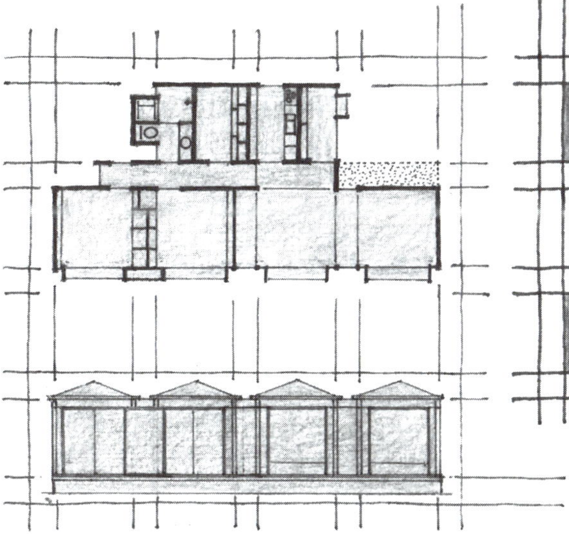

正方形の行列が850/3650の位相で重なったダブル・グリッド

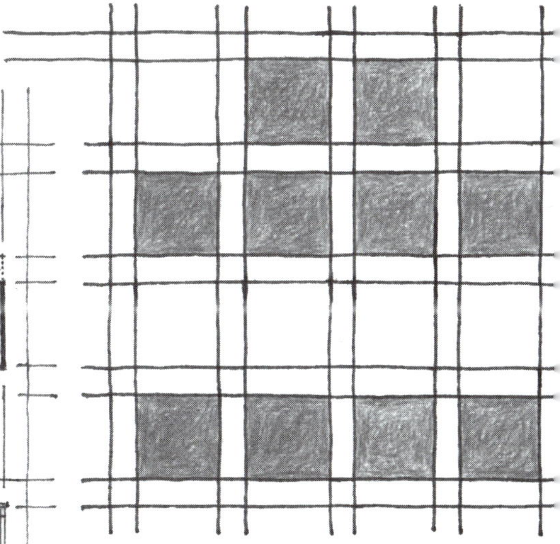

## 平面・断面・立面の全てが整合

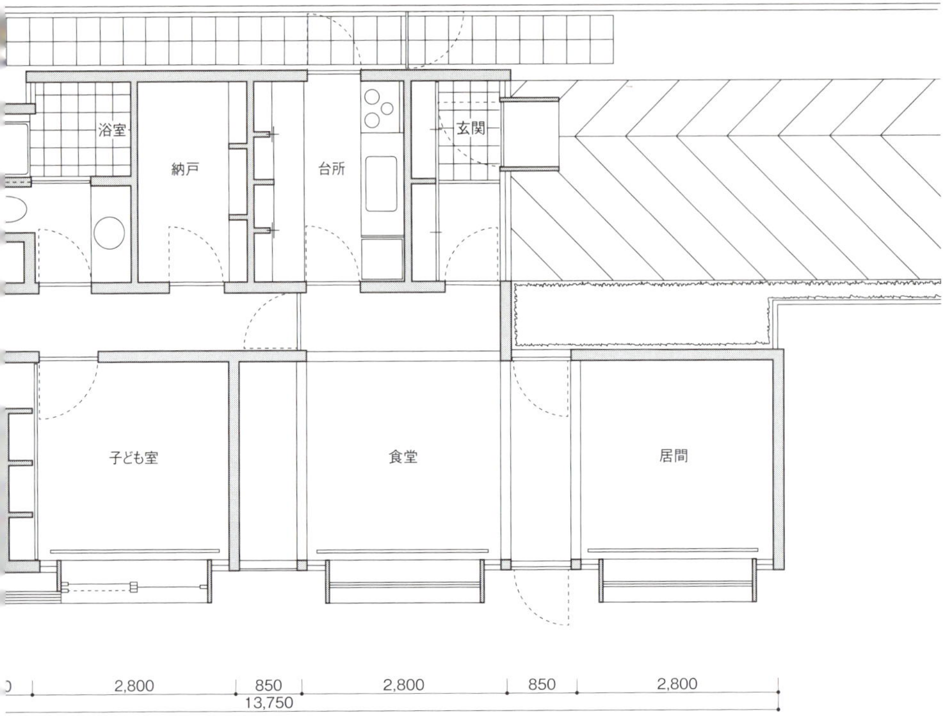


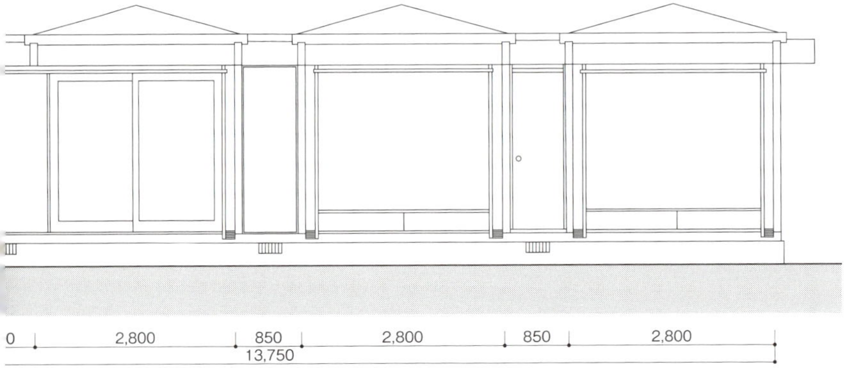


ダブル・グリッドの平面構成が立面にも表れる

南西からの俯瞰。立面だけでなく、屋根形状もダブル・グリッドに従って、架けられている

LDの南面窓は大きな嵌め殺し。その下部に換気用の開閉パネルがある

写真3点：彰国社

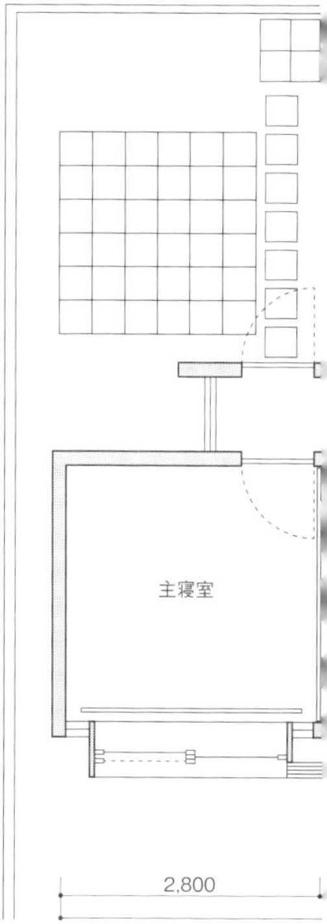


平面図［S＝1:100］

断面図［S＝1:100］

# 正方形のマトリックス

SQUARE SPACES

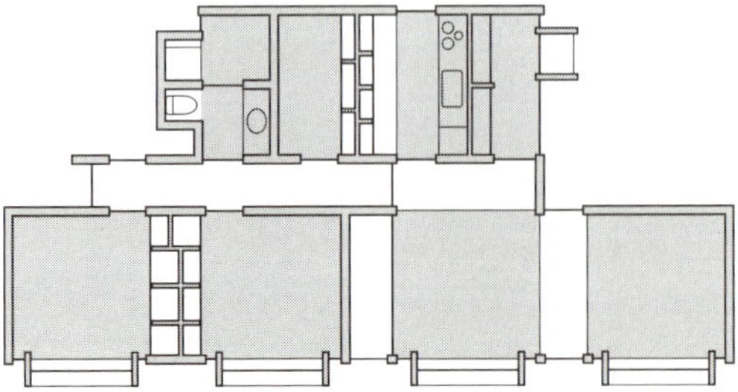

SERVANT SPACE

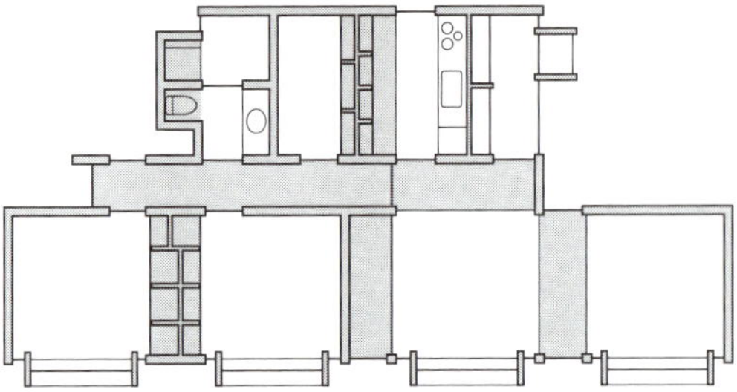

FUNCTIONS

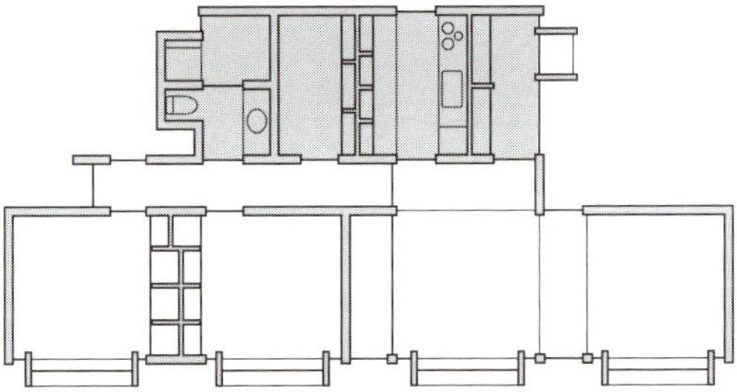

PRIVATE & COMMON

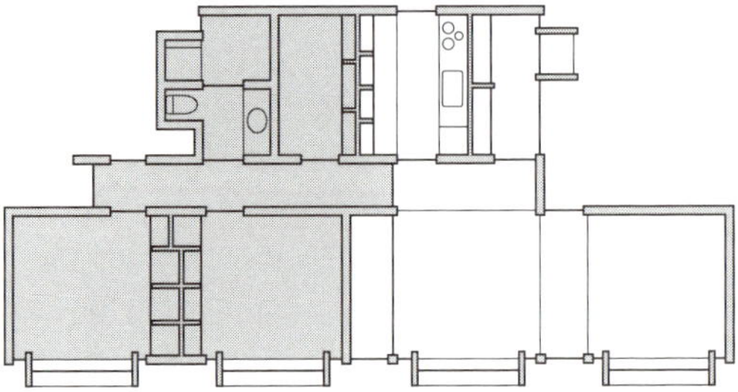

ダブル・グリッドは単なるモデュールではなく、ゾーニングをも喚起・誘導している。つまり、ダイヤグラムそのものである

## ディテールに至るまで
## 正方形を際立たせるデザイン

大開口を箱状に囲み、さらに両端にスリットを挟むことで、ダブル・グリッドを強調しつつ、柱を際立たせている

ダイニングチェアーは米国留学を憶い出す…
エーロ・サーリネンのチューリップチェアー

玄関のキャノピーは地盤から浮いた「箱」

写真1点：彰国社

# グリッドの中のリズム

左:中央の通路は奥まで視線が抜ける／右:グリッドの交差部で室も交差する

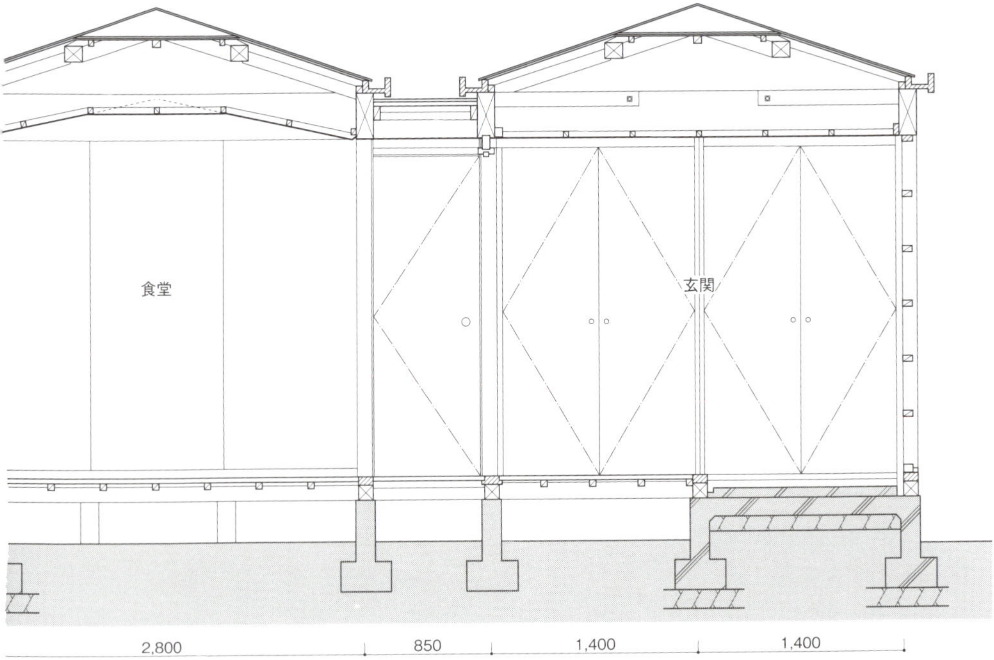


南北断面図［S=1:50］

屋根も天井もグリッドを現す方形だ

左:グリッドからはみ出させた開口部から採光を採り入れている/右:グリッドを構成する梁は階段吹抜け部分に現れている

10年経って、2階を増築。もちろんダブルグリッドに従ってのことでした

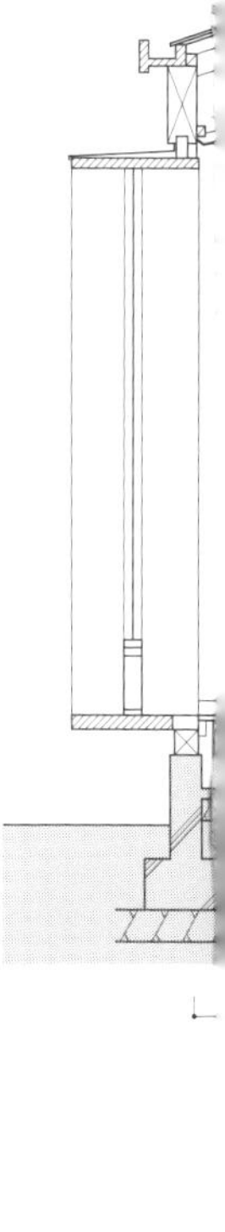

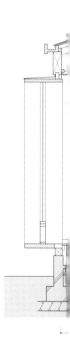

## 設計者プロフィール（掲載順）

**林寛治**［はやし・かんじ］　p.006
1936年東京生まれ。1961年東京藝術大学建築科卒業。渡伊、在ローマstudio Arch.G.Positano研修員。1963〜1966年在ローマ、studio Ing.G.Rebecchini＋Arch.J.Lafente。1967〜1974年吉村順三設計事務所。1974年林寛治設計事務所開設

**横山敦士**［よこやま・あつし］　p.014
1965 静岡県生まれ。1991年関東学院大学建設工学科卒業。1991〜1998年ジ・エアーデザインスタジオ。1998〜2000年パワーユニットスタジオ。1998年ヨコヤマ・デザイン事務所設立。関東学院大学人間共生デザイン学科、東京造形大学デザイン学科非常勤講師

**土田拓也**［つちだ・たくや］　p.022
1973年福島県生まれ。1996年関東学院大学建設工学科卒業。1996〜2001年前澤建築事務所。2005年no.555一級建築士事務所設立。関東学院大学人間共生デザイン学科非常勤講師

**室伏次郎**［むろふし・じろう］　p.030
1940年東京都生まれ。1963年早稲田大学建築学科卒業。1963〜1970年板倉順三建築研究所。1970年アーキヴィジョン建築研究所共同主宰、1984年スタジオ・アルテック主宰。神奈川大学工学部建築学科名誉教授

**水口裕之**［みずぐち・ひろゆき］　p.038
1967年香川県生まれ。1991年東京大学建築学科卒業。1991〜1998年清水建設設計本部。1999年水口建築デザイン室設立。2017年tentlineに改組

**松井理美子**［まつい・りみこ］　p.038
1969年神奈川県生まれ。1993年多摩美術大学建築科（現：環境デザイン学科）卒業。1993〜1996年プラントーク。1997年〜2001年プレック研究所。2001年マツイリミコ建築設計事務所設立。2011年マツイアートマネジメントオフィス設立。2017年tentlineに改組

**粕谷淳司**［かすや・あつし］　p.046
1971年東京都出身。1995年東京大学建築学科卒業。1997年同大学院修了。1997〜2002年アプル総合計画事務所、2002年カスヤアーキテクツオフィス設立。関東学院大学建築・環境学部教授

**粕谷奈緒子**［かすや・なおこ］　p.046
1971年大分県生まれ。1994年日本女子大学住居学科卒業。1996年同大学院修了。1996〜2002年武田光史建築デザイン事務所。2002〜2003年ミリグラムスタジオ。2005年カスヤアーキテクツオフィス共同主宰。日本女子大学、千葉大学、大妻女子大学非常勤講師

**小林武**［こばやし・たけし］　p.054
1944年東京都生まれ。1967年東京工業大学建築学科卒業。1967〜1977年吉村順三事務所。1977〜1979年UAEドバイT.HIRAYAMA CO.。1979年小林武建築設計事務所設立

**鈴木信弘**［すずき・のぶひろ］　p.062
1963年神奈川県生まれ。1986年神奈川大学建築学科卒業。1988年同大学大学院修了。1988〜1997年東京工業大学建築学科助手。1994年鈴木アトリエ設立。神奈川大学建築学部教授

**鈴木洋子**［すずき・ようこ］　p.062
1965年群馬県生まれ。1988年神奈川大学建築学科卒業。1988〜1992年大林組横浜支店設計部、1994年鈴木アトリエ設立

**手嶋保**［てしま・たもつ］　p.070
1963年福岡県生まれ。1986年東和大学建設工学科卒業。1990〜1997年吉村順三事務所。1998年手島保建築事務所設立。日本女子大学、早稲田芸術学校非常勤講師

**豊田悟**［とよだ・さとる］　p.078
1948年神奈川県生まれ。1971年早稲田大学建築学科卒業。1973年同大学院修了。竹中工務店設計部勤務を経て1986年アルスデザインアソシエイツ設立。1999年豊田空間デザイン室設立

**浜口ミホ**［はまぐち・みほ］　p.086
1915〜1988年。東京女子高等師範学校卒業後、東京帝国大学建築学科聴講生。前川國男建築設計事務所。1948年浜口ミホ住宅相談室開設。1959年浜口ハウジング設計事務所に改称。女性初の一級建築士（1954年）で、戦後の日本の住宅の形を模索し、設計・実現した。夫は日本で最初の建築評論家である浜口隆一氏

**野出木貴夫**［のでき・たかお］　p.094
1949年東京生まれ。1973年早稲田大学建築学科卒業。1975年同大学院修了。1975〜2021年鹿島建設。2021年nyデザイン設立。公益社団法人国際観光施設協会副会長

**中村好文**［なかむら・よしふみ］　p.102
1948年千葉県生まれ。1972年武蔵野美術大学建築学科卒業。1972〜1974年宍道設計事務所。1976〜1980年吉村順三設計事務所。1981年レミング

業。阿久津友嗣事務所を経て、八百光設計部設立。八百光設計部主宰。大阪公立大学・近畿大学非常勤講師

**保坂猛**［ほさか・たけし］　p.142
1975年山梨県生まれ。1999年横浜国立大学卒業。2001年同大学院修了。1999～2003年SPEED STUDIO主催（西田司と共同）。2004年保坂猛建築都市設計事務所設立。早稲田大学芸術学校、名古屋工業大学非常勤講師

**宮崎浩**［みやざき・ひろし］　p.150
1952年福岡県まれ。1975年早稲田大学建築学科卒業。1977年同大学院修了。1979～1989年槇総合計画事務所。1989年プランツアソシエイツ設立。早稲田大学・京都工芸繊維大学などで非常勤講師を歴任

**宮崎桂**［みやざき・けい］　p.150
東京都生まれ。東京藝術大学、同大学院修了。粟辻博デザイン室、プランツアソシエイツを経て2002年、株式会社KMDを設立。前橋工科大学客員教授

**穂積信夫**［ほづみ・のぶお］　p.158
1927～2024年。東京生まれ。1950年早稲田大学建築学科卒業。1956年ハーバード大学大学院修了。1956～1957年、エーロ・サーリネン事務所。1959～1994年早稲田大学教務。同大学名誉教授

## 著者プロフィール

**増田奏**［ますだ・すすむ］
1951 横浜生まれ
1975 早稲田大学 建築学科 卒業
1977 早稲田大学 大学院 修了
1977-1986 吉村順三設計事務所
1987 SMA設立
著書に「住まいの解剖図鑑」「そもそもこうだよ住宅設計」（ともにエクスナレッジ）

**【謝辞】**
本書は、2020年から2021年にかけて『建築知識』（エクスナレッジ社）に連載した「ちょっとイイ家」の14回分に加えて、新たに6件を紹介して単行本にしたものです。
取材協力いただいた建築家の皆様はもちろんのこと、連載時にお世話になった湯浅利英子さん。単行本化に御尽力いただいた古川沙樹さん。
同誌編集部のお二人にも、心より感謝申し上げます。
ありがとうございました。　増田 奏

ハウス設立。日本大学・多摩美術大学などで客員教授を歴任

**高梨純**［たかなし・じゅん］　p.110
1951年東京都生まれ。1975年日本大学理工学部建築学科卒業。1975～1976年地域総合計画。1976～1983年INA新建築研究所。1983年ウィル設計室設立

**高梨亮子**［たかなし・りょうこ］　p.110
1952年鹿児島県生まれ。1975年早稲田大学建築学科卒業。1975～1979年、INA新建築研究所。1979年～1981年アルテック建築研究所。1983年高梨純とウィル設計室設立。スペースデザインカレッジ講師

**松田直則**［まつだ・なおのり］　p.118
1946年東京生まれ。1972年東京藝術大学建築科卒業。1979年RoyalCollege of Art, London Environmental Design修了。1972～1974年天野・吉原建築設計事務所、1974~1978年 Milton Keynes Development Corporation、1979～1985年Sir Norman Foster & Partnership、1985~2009年The University of Hong Kong, Faculty of Architecture、2009～2014年Atelier ZAM Hong Kong Ltd Director就任。2010～2020年中国発展研究院区域緑色発展研究中心兼職研究員、中国安徽省登録NPO：安徽江准緑色発展研究中心理事

**後藤武**［ごとう・たけし］　p.126
1965年横浜生まれ。2009年東京大学大学院工学系研究科博士課程単位取得退学、1998～1999年隈研吾建築都市設計事務所、1999～2001年慶應義塾大学環境情報学部助手、2004～2007年中部大学人文学部助教授、2007年後藤武建築設計事務所設立。東京藝術大学建築科非常勤講師

**後藤千恵**［ごとう・ちえ］　p.126
1970年新潟県生まれ。1992年明治大学政治経済学部卒業、1999～～2006年諸角敬studio A、2006～2011年SMOOTH architects主宰、2011年後藤武建築設計事務所に参画。横浜日建工科専門学校非常勤講師

**下山総**［しもやま・さとる］　p.134
1963年三重県生まれ。1987年埼玉大学建設工学科卒業。1991~1996年梓設計大阪支社。1996年下山建築設計室設立。関西大学・大阪公立大学非常勤講師

**垣内光司**［かきうち・こうじ］　p.134
1976年京都府生まれ。1999年大阪芸術大学卒

# ちょっとイイ家

2025年4月16日　初版第一刷発行

著者　増田 奏

発行者　三輪浩之

発行所　株式会社エクスナレッジ
〒106-0032 東京都港区六本木7-2-26
https://www.xknowledge.co.jp/

問合せ先
編集　TEL:03-3403-1381
FAX:03-3403-1345
info@xknowledge.co.jp

販売　TEL:03-3403-1321
FAX:03-3403-1829